ÜBUNG MACHT DEN GEDÄCHTNIS-MEISTER

Gedächtnis-Hilfssysteme der »Superhirne«

von Siegfried Lehrl
und Elisabeth Weickmann

Vorwort

Innerhalb weniger Wochen lernten die Kandidaten der SAT.1-Fernsehserie „SUPERHIRN“ einige einfache Methoden, mit denen sie teils für unglaublich gehaltene Gedächtnisleistungen erzielten. So konnten sie bis 36 einmal gehörte Wörter und Vornamen nachsagen. Zudem wußten sie später noch die genaue Reihenfolge: Was war an der 23. Stelle? Was kam vor der 16. Position? usw.

Viele Zuschauer fragten beim Erstautor, der die Kandidaten trainiert hatte, und bei der Gesellschaft für Gehirntraining in Ebersberg erstens an, ob das jeder könne und zweitens, wie man zu solchen Leistungen gelangte; denn sie eigneten sich doch wunderbar, um seine eigenen Gedächtnispotentiale auszutesten oder sich lange Einkaufslisten, Telefonnummern der Bekannten und Freunde usw. einzuprägen.

Die Antwort auf die erste Frage: Diese Fertigkeiten können sehr viele Menschen lernen, weit mehr, als man oft glaubt. Und weit weniger, als man gemeinhin annimmt, können sich diese Fertigkeiten nicht aneignen.

Zur zweiten Frage, wie das geht: Dieses Übungsbuch gibt die Antwort.

Frau Stefanie Dollen, Frau Maria Lehrl und Herrn Peter Sturm möchten wir an dieser Stelle für ihre außerordentliche Hilfe bei der Erstellung dieses Übungsbuches danken.

Ebersberg und Erlangen, April 1997

Die Autoren

Inhaltsverzeichnis

1. Zuerst fragen: Wofür brauche ich es?

Wenn Sie sich „Einzelheiten am laufenden Band" wie Einkaufslisten oder Telefonnummern merken wollen, oder wenn Sie sich morgens einzuprägen versuchen, was Sie tagsüber zu besorgen und sonst noch zu tun haben, dann ist dieses Übungsbuch das richtige.

Es ist dagegen nicht das richtige Buch, falls man sich vor allem geistig fit machen will oder falls man Fachmann für ein großes Stoffgebiet werden möchte. Dann hat man mehr von anderen Verfahren und Strategien: von Gehirn-Jogging (= Mentales AktivierungsTraining) beispielsweise.

Die folgende Tabelle gibt eine Hilfe, wofür Sie sich gerade interessieren und welche Maßnahmen für Sie in Betracht kommen.

Prüfen Sie anhand der folgenden Liste, wo Ihre Interessen liegen. Kreuzen Sie das Zutreffende an:

Ich möchte	Ich möchte
○ meine **persönliche maximale Leistungsfähigkeit** von Geist und Gedächtnis bei hoher Lebensqualität erreichen und erhalten	○ an Gedächtniswettbewerben und -vorführungen teilnehmen
○ **Hirnleistungsminderungen** und **Demenzen** vorbeugen oder behandeln	○ mein „Gehirn" und dessen Leistungen bzw. Potentiale besser kennenlernen **(Selbsterfahrung)**
○ **Depressionen** vorbeugen oder behandeln	○ im Rahmen der **Allgemeinbildung** mehr über das Gehirn und dessen Leistungen wissen
Wenigstens ein Kreuz hier: Sie suchen ***Mentales Aktivierungs-Training (populär: „Gehirn-Jogging")***	Wenigstens ein Kreuz hier: Sie suchen ***Gedächtnisstrategien***
Buchvorschlag: Lehrl „Gedächtnistraining – Das Drei-Phasen-Programm", Augustus-Verlag, Augsburg 1996	Dieses Übungsbuch ist das richtige für Ihre Interessen

2. Der Überblick: Die einfachen Hilfssysteme für erstaunliche Leistungen

Sie haben das Alphabet, deutsche Texte und das Zahlensystem in Ihrem Gedächtnis wie Gerüste, im wörtlichen Sinne als „Gedächtnisstützen" angelegt und können wirkungsvoll damit arbeiten. Ergänzen Sie diese durch drei weitere einfache Gerüste, und Sie können noch viel mehr. Sie prägen sich damit Bilder, Symbole, Wörter und Namen rascher ein und behalten zusätzlich ihre Reihenfolge. Also: Was kam zuerst, was an der achten Stelle usw. Sie können auch Zahlen rascher und für längere Zeit festhalten. Manche weiteren Vorteile sind noch gar nicht richtig ausgelotet.

Diese drei Hilfssysteme für Ihr Gedächtnis heißen

- *„ZAHLEN-BILDER-SYSTEM",*
- *„BUCHSTABEN-ZIFFERN-SYSTEM" und*
- *„LOCI-SYSTEM".*

Die Grundzüge eines jeden davon haben Sie sich in wenigen Minuten eingeprägt; gleich vertraut damit zu werden, dazu dient dieser Überblick. Wenden Sie sich erst nur einem dieser Hilfssysteme zu, bis Sie es können. Wiederholen Sie es in den nächsten Tagen mehrfach, damit Sie immer rascher und anstrengungsloser darüber verfügen. Es soll Ihnen in Fleisch und Blut übergehen ... wie das Alphabet oder die Zahlen von 1 bis 12.

Wie Sie wissen, gibt es keine Gedächtnisstrategien und -hilfssysteme für alle Situationen, in denen man sich etwas Neues einprägen muß. Wer Mathematiker werden will, lernt anders als jemand, der eine Liste von Vornamen oder Einzelposten für einige Stunden behalten muß. Deshalb erfahren Sie vor der Darstellung eines jeden Hilfssystems erst einmal ein typisches Beispiel für die Anwendung. Zusätzlich wird auf weitere Möglichkeiten, aber auch Grenzen der Anwendung hingewiesen.

Wer sich mit dem Überblick beschäftigt, kann hinterher schon eine ganze Menge. Er hat die Hilfssysteme „drin", kann damit umgehen und vermag sie kritisch zu beurteilen. Sie werden allerdings noch nicht in Fleisch und Blut übergegangen sein wie das kleine Einmaleins. Um diese Perfektion zu erreichen, werden die Übungseinheiten in Kapitel 3 angeboten.

Das Zahlen-Bilder-System

Die Anwendung

Prägen Sie sich die folgenden Wörter ein, wenn Sie diese jeweils höchstens fünf Sekunden lang hören oder lesen:

1 BÄR - 2 WOLKE - 3 HOCHHAUS - 4 BALL - 5 TELEFON - 6 HALS - 7 GRAS - 8 KÜMMEL - 9 REIFEN - 10 BIBEL - 11 HUT - 12 ROT.

Die meisten untrainierten Menschen können sich nur etwa vier bis acht der Wörter merken, dazu ohne die genaue Position. Sie wissen also nicht, ob das erinnerte Wort an der 4. oder 9. oder 10. Stelle vorkam bzw. welches Wort an der 6., 8., 2. usw. Position war.

Einkaufslisten, Vornamen, Länder, Städte, Wörter usw. mit bis zu 12 Einzelheiten lassen sich nach dem Zahlen-Bilder-System leicht einprägen. Man kann es bei einiger Übung ohne Schwierigkeiten erweitern. Außerdem kann man mit ihm unterhaltsame Aufgaben durchführen, beispielsweise wenn man die obigen Wörter gerade einmal gehört hat:

„Was ist WOLKE + BALL, das Ergebnis geteilt durch HOCH-HAUS?“
Es kommt WOLKE heraus, weil 2 (= WOLKE) + 4 (= BALL) = 6 usw.

Die Grundlage ist ein Hilfssystem, das man sich gründlich einprägt. Dann kann man viel damit tun. Hier ist es das Zahlen-Bilder-System.

Das Hilfssystem

Studieren Sie in Ruhe die folgende Abbildung. Sie enthält das Zahlen-Bilder-System. Sagen Sie sich, während Sie über dieses

Hilfssystem schauen: „Dies ist das Zahlen-Bilder-System“, damit Sie immer gleich wissen, worum es geht, sobald davon die Rede ist. Warum heißt es so? Weil Zahlen von 1 bis 12 – es könnten auch mehr sein – Bildern fest zugeordnet sind. Die 1 einer Kerze, weil sie einander ähnlich sehen. Die 2 einem Schwan, weil sie ebenfalls ähnlich aussehen usw.

1

Kerze

2

Schwan

3

Kaktus

4

Stuhl

5

Hand

6

Elefant

7

Fahne

8

Sanduhr

9

Pfeife

10

Trommler

11
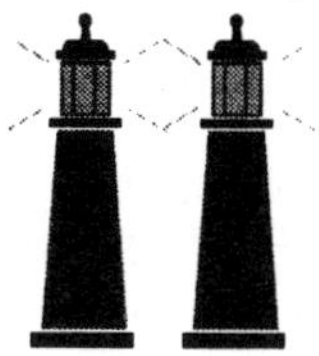
Leuchttürme

12

Uhr

Zahlen-Bilder-System
Dies sollten Sie wie das Alphabet beherrschen

Wie man es sich rasch einprägt

Wie prägen Sie es sich rasch ein? Gehen Sie dies in mehreren Schritten durch. Dazu ein Vorschlag über deren Abfolge. Sie müssen nicht alles an einem Tag machen. Kreuzen Sie die Schritte an, die Sie bereits erledigt haben.

(1) Erst der grobe Überblick: Um welche Bilder geht es? Warum gibt es bei der jeweiligen Zahl genau dieses Bild? Warum beispielsweise bei der „5“ eine offene Hand mit fünf Fingern? Zwischen Bild und Zahl besteht immer eine enge Beziehung. Gehen Sie mal alles daraufhin durch.

(2) Nächster Schritt: Schauen Sie nur die Bilder an. Halten Sie die Zahlen und Bezeichnungen zu. Sagen Sie von oben nach unten beim Bild der Kerze „1 Kerze“, beim Bild des Schwanes „2 Schwan“ usw. Sind Sie fertig?

(3) Nun von unten nach oben das gleiche.

(4) Jetzt einmal durcheinander: Decken Sie alles unter der oberen Zahlenreihe ab. Gehen Sie die Zahlen durch und sagen Sie immer die Bezeichnung dazu. – Tun Sie dann das gleiche mit der mittleren Zahlenreihe usw.

(5) Anschließend von unten nach oben und dann durcheinander.

(6) Wenden Sie sich der Abbildung auf Seite 32 zu. Schreiben Sie möglichst rasch hinter das Bild die zugehörige Zahl, das heißt seine Position. Erst die obere Zeile bearbeiten, dann die zweite Zeile usw.

(7) Schreiben Sie sich auf einen gesonderten Zettel die Nummern, bei denen Sie noch Schwierigkeiten haben. Wiederholen Sie diese Stellen mehrfach.

(8) Tragen Sie in folgender Tabelle möglichst rasch von oben nach unten hinter den Zahlen die Bildnamen und Bilder ein, die Ihnen einfallen. Nicht auf Schönheit des Bildes achten. Ein eindeutiges Schema reicht. Hauptsache, es geht schnell.

Übungsschema zum raschen Einlernen des Zahlen-Bilder-Systems

Zahl	Bildbezeichnung in Worten	Bild als Zeichnung	spätere Wiederholung: Bild als Zeichnung
2	Schwan		
12	Monate		
4	Stuhl		
1	Kerze		
5	Hand		
10			
8	Sanduhr	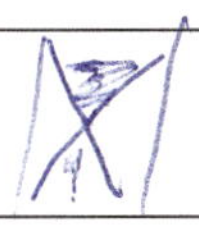	
7	Siebenzwerge		
11	Fußball		
9	Kegel		
6	Sex		
3	Kaktus		

Sobald Sie dieses Hilfssystem beherrschen, geht es um seine Anwendung bei neuen Wörtern, Bildern, Vornamen usw. Dabei stellen Sie sich das neue Wort als Bild vor und verbinden es mit denen des Zahlen-Bilder-Systems:

Beispiel: Gerufen wird erst „Auto“: Man könnte sich vorstellen, daß die Kerze auf dem Autodach steht und brennt.

Dieser Vorgang dauert um so länger, je weniger sicher man das Zahlen-Bilder-System beherrscht. Anfänglich muß man sich 10 bis 15 Sekunden Zeit nehmen. Man sollte anzielen, es später in fünf bis sechs Sekunden zu schaffen.

Dann kommt „Baum“: Der Schwan schwimmt unter einem überhängenden Baum durch. Zuruf „Freiheit“: Im Kaktus steht die „Freiheit“sstatue. Vierte Nennung „Taschentuch“: Auf dem Stuhl liegt ein Taschentuch.

Und so weiter.

Was kam an der dritten Stelle? Drei ist immer „Kaktus“. In ihm steht die „Freiheit“sstatue. An der dritten Stelle war „Freiheit“ genannt worden.

Anwendungsgrenzen

Mehr als zwölf Nennungen kann man in dem hier vorgestellten Zahlen-Bilder-System nicht unterbringen. Das System läßt sich jedoch um einige Positionen erweitern. Beispielsweise legen Geisselhart u. Zerbst in ihrem Buch „Das perfekte Gedächtnis“ (dtv: München, 1995) ein Hilfssystem mit 100 Bildern vor. Dessen Einprägung und Pflege erfordert selbstverständlich entsprechend mehr Zeit und Gelegenheiten.

Die Verbindung zwischen einer Nennung und einem Bild dieses Hilfssystems braucht eine gewisse Zeit. Es ist schwierig, auf weniger als etwa fünf Sekunden zu kommen. Die Zeit wird um so länger, je weniger sicher das Hilfssystem eingelernt ist. Wenn man das Hilfssystem noch nicht richtig beherrscht, kann man selbstverständlich nicht erwarten, daß es sich rasch und zuverlässig anwenden läßt.

Probleme gibt es auch mit neuen Wörtern, die man gar nicht kennt oder die sich schwer in Bilder umsetzen lassen.

Es kann zu Störungen kommen, wenn man dieses Hilfssystem häufig gebraucht. Dabei entsteht die Gefahr, daß man vieles nicht mehr auseinanderhalten kann: Was hatte man sich beim letzten Mal und was vorher eingeprägt? Es können also Konfusionen auftreten. Um dem vorzubeugen, sollte man vor der neuen Anwendung noch einmal das ursprüngliche System, wie es in der Abbildung auf Seite 7 angegeben ist, durchgehen. Dadurch „reinigt" man es.

Das Ziffern-Buchstaben-System

Die Anwendung

Sie sind unterwegs und möchten einige Verwandte und Bekannte anrufen oder einen Geschäftskollegen. Sie haben Ihren Kalender mit den Telefonnummern nicht dabei und wollen nicht erst umständlich die Telefonauskunft bemühen. Jetzt zeigt sich, was Sie im Kopf haben: 20 oder 30 (prinzipiell auch mehrere tausend) der wichtigsten Telefonnummern lassen sich einfach behalten. Ein einfaches Hilfssystem ist das Ziffern-Buchstaben-System.

Bei Vorwahlen läßt man der Ersparnis halber die „0" vornedran weg, weil sie ohnehin selbstverständlich ist.

Bei anderen Zahlenreihen wie Postleitzahlen, Bankkonten, aber auch Geschichtszahlen eignet sich dieses Hilfssystem ebenfalls. Man nimmt es zudem bei Zahlen, die isoliert im Text stehen, um sie dem Textfluß anzupassen wie: „Hans ist 56 Jahre alt und reist gern mit Ingrid nach Mallorca".

Wenn man sich den Fremdkörper „56" als Zahl einprägt, weiß man hinterher oft nicht genau, ob es 54, 55, 56 oder 57 usw. war. Nach dem Ziffern-Buchstaben-System gibt es keine Verwechslung. Wie sieht dies aus?

Das Hilfssystem

Das Ziffern-Buchstaben-System hat eine dreihundertjährige Tradition. Es gibt verschiedene Formen, aus denen nachfolgend ein Kompromiß gebildet wurde. Insbesondere ist versucht worden, die Häufigkeit der Verwendung in der deutschen Sprache zu berücksichtigen. Sie finden dieses Hilfssystem in folgender Tabelle. Betrachten Sie diese einmal in Ruhe.

Sagen Sie sich, während Sie über dieses Hilfssystem schauen: „Dies ist das Ziffern-Buchstaben-System“, damit Sie immer gleich wissen, worum es geht, sobald davon die Rede ist. Warum heißt es so? Weil Ziffern von 0 bis 9 Buchstaben zugeordnet sind. Warum, das steht in der Tabelle jeweils dahinter.

Das Ziffern-Buchstaben-System

Ziffer		Buchstabe(n)	Merkhilfen
0	=	z, s, ß	(0 = zero)
1	=	t, d	(1 sieht so ähnlich wie „t“ aus)
2	=	n	(zwei Beine)
3	=	m, w	(drei Beine, drei Striche)
4	=	f, v	(four, vier)
5	=	l, r	(römisch L = 50)
6	=	b, p	(sieht „b“ ähnlich)
7	=	k, q, ch, ck	(außer „ch” wie „k” gesprochen)
8	=	sch, h	(„sch” ist ähnlich kompliziert)
9	=	g, ng, j	(„g“ sieht ähnlich aus, „g“ sprechen Ostpreußen wie „j“)

Wie geht man damit um? Zu beachten ist, daß Vokale wie a, e, i, au, ei, ü Joker sind, damit man später Wörter bilden kann. Um die

Zahl „12“ wiederzugeben, benötigt man ein „T“ oder „D“ und ein „N“. Sie können dafür das Wort TON oder DEIN einsetzen oder auch andere wie DIN.

Wenn Sie umgekehrt vorgehen, überlesen Sie die Vokale und beachten nur die Konsonanten (Mitlaute): BEIN entspricht demnach 6 2, bange? ⇨ 6 9. Prüfen Sie es anhand der Tabelle. Achtung: „ng” ist immer 9 (nicht 29) und „sch” ist stets 8 (nicht 07).

Wie man es sich rasch einprägt

Wie prägen Sie sich das Ziffern-Buchstaben-System rasch ein? Es folgen Vorschläge in Stufen. Gehen Sie diese der Reihe nach durch. Sie müssen nicht alles an einem Tag machen. Kreuzen Sie die Schritte an, die Sie bereits erledigt haben.

(1) Zuerst benötigen Sie den groben Überblick: Um welche Buchstaben geht es? Warum gibt es bei der jeweiligen Ziffer genau diese Buchstaben? Warum ersetzt man die 2 durch ein „N“ und die 3 durch ein „M“ oder „W“? usw. Gehen Sie mal alles daraufhin durch.

(2) Nächster Schritt: Schauen Sie nur die Buchstaben in der Tabelle an. Halten Sie die Ziffern zu. Sagen Sie von oben nach unten bei den Buchstaben z, s und ß „0“, bei t oder d „1“ usw. Sind Sie fertig?

(3) Nun von unten nach oben das gleiche.

(4) Jetzt einmal durcheinander. Decken Sie alles hinter der vorderen Ziffernreihe ab. Gehen Sie die Ziffern durch und sagen Sie immer wenigstens einen Buchstaben dazu.

(5) Anschließend von unten nach oben und dann durcheinander.

(6) Wenden Sie sich Aufgaben zum Gebrauch dieses Hilfssystems zu. In der Tabelle auf der nächsten Seite finden Sie Wörter, die für bestimmte Ziffernfolgen stehen. Schreiben Sie möglichst rasch hinter jedes Wort die zugehörige Zahl. Gehen Sie immer von links nach rechts vor und gehen Sie eine Zeile durch, dann

die nächste Zeile usw. Falls Sie mal Schwierigkeiten haben, lassen Sie die Stelle frei und wenden sich dem nächsten Wort zu.

Probieren Sie es jetzt. Dabei lernen Sie ganz schnell die Zuordnungen von Ziffern und Buchstaben.

Übungen nach dem Ziffern-Buchstaben-System, Wörter in Zahlen rückverwandeln

Wort	Zahl	Wort	Zahl	Wort	Zahl
Säge	⇨	Sage	⇨	Tor	⇨
Rat	⇨	Tour	⇨	Rad	⇨
Tier	⇨	Taube	⇨	Saum	⇨
Laus	⇨	Eber	⇨	Saat	⇨
Maus	⇨	Mus	⇨	Rübe	⇨
Raub	⇨	Weg	⇨	Dom	⇨
übel	⇨	Gang	⇨	Lama	⇨
Mief	⇨	Sieg	⇨	Taub	⇨
Mut	⇨	Laube	⇨	Kuh	⇨
Made	⇨	Raum	⇨	Mode	⇨
rot	⇨	Hut	⇨	Tute	⇨
Tüte	⇨	schade	⇨	Bude	⇨
Dame	⇨	Baum	⇨	Raum	⇨
Tal	⇨	Schaum	⇨	Zaun	⇨
tief	⇨	Zehe	⇨	Bär	⇨
tot	⇨	Tat	⇨	Beere	⇨
Rebe	⇨	aber	⇨		

(7) Schreiben Sie sich auf einen gesonderten Zettel die Ziffern, bei denen Sie noch Schwierigkeiten haben. Wiederholen Sie diese Stellen mehrfach.

Die Lösungen finden Sie nachfolgend. Kontrollieren Sie, ob es richtig war. Andernfalls besteht die Gefahr, daß sich gleich ein grundlegender Fehler einschleicht, der Sie später behindert.

Wort		Zahl	Wort		Zahl	Wort		Zahl
Säge	➩	09	Sage	➩	09	Tor	➩	15
Rat	➩	51	Tour	➩	15	Rad	➩	51
Tier	➩	15	Taube	➩	16	Saum	➩	03
Laus	➩	50	Eber	➩	65	Saat	➩	01
Maus	➩	30	Mus	➩	30	Rübe	➩	56
Raub	➩	56	Weg	➩	39	Dom	➩	13
übel	➩	65	Gang	➩	99	Lama	➩	53
Mief	➩	34	Sieg	➩	09	Taub	➩	16
Mut	➩	31	Laube	➩	56	Kuh	➩	78
Made	➩	31	Raum	➩	53	Mode	➩	31
rot	➩	51	Hut	➩	81	Tute	➩	11
Tüte	➩	11	schade	➩	81	Bude	➩	61
Dame	➩	13	Baum	➩	63	Raum	➩	53
Tal	➩	15	Schaum	➩	83	Zaun	➩	02
tief	➩	14	Zehe	➩	08	Bär	➩	65
tot	➩	11	Tat	➩	11	Beere	➩	65
Rebe	➩	56	aber	➩	65			

(8) Sie haben bereits ein wenig Gefühl für das Ziffern-Buchstaben-System entwickelt. Nun probieren Sie die andere Möglichkeit aus, zu vorgegebenen Zahlen Wörter zu finden. Dabei ist wieder zu beachten, daß Vokale wie „i“,“o“, „eu“ usw. nur Füllsel sind, also nur den Konsonanten „b“, „d“, „m“ usw. dienen, damit man Wörter daraus bilden kann. Sie werden aber nicht in Ziffern übersetzt. Beispiel: 68 : z.B. b ..sch.. ➩ *b*usch, also Busch.
Bach wäre nicht erlaubt. Denn „ch“ steht für die 7, somit wird Bach zu 6 7.

Bilden Sie jetzt Wörter zu zweistelligen Zahlen, wie sie die Grundlage vieler längerer Zahlen sein können. Bemühen Sie sich dabei nicht darum, originell zu sein. Es muß vor allem schnell gehen. Später wird es darauf ankommen.

So rasch wie möglich ein Wort nach dem Ziffern-Buchstaben-System dahinterschreiben. Nicht lange nachdenken. Erst einmal leerlassen, wozu Ihnen nicht gleich etwas einfällt:

Zahl	Wort	Zahl	Wort	Zahl	Wort	Zahl	Wort
33 ⇨	________	38 ⇨	________	44 ⇨	________	46 ⇨	________
48 ⇨	________	50 ⇨	________	55 ⇨	________	56 ⇨	________
18 ⇨	________	22 ⇨	________	27 ⇨	________	30 ⇨	________
58 ⇨	________	60 ⇨	________	63 ⇨	________	65 ⇨	________
47 ⇨	________	21 ⇨	________	95 ⇨	________	83 ⇨	________
66 ⇨	________	67 ⇨	________	70 ⇨	________	71 ⇨	________
76 ⇨	________	77 ⇨	________	79 ⇨	________	81 ⇨	________
82 ⇨	________	84 ⇨	________	85 ⇨	________	86 ⇨	________
08 ⇨	________	09 ⇨	________	10 ⇨	________	11 ⇨	________
87 ⇨	________	88 ⇨	________	89 ⇨	________	80 ⇨	________
19 ⇨	________	29 ⇨	________	39 ⇨	________	49 ⇨	________
14 ⇨	________	24 ⇨	________	54 ⇨	________	74 ⇨	________
37 ⇨	________	68 ⇨	________	43 ⇨	________	27 ⇨	________
12 ⇨	________	14 ⇨	________	15 ⇨	________	16 ⇨	________
59 ⇨	________	72 ⇨	________	05 ⇨	________	53 ⇨	________

31 ➪ ________	40 ➪ ________	72 ➪ ________	25 ➪ ________
41 ➪ ________	80 ➪ ________	36 ➪ ________	84 ➪ ________
28 ➪ ________	93 ➪ ________	75 ➪ ________	45 ➪ ________
59 ➪ ________	52 ➪ ________	90 ➪ ________	31 ➪ ________
00 ➪ ________	03 ➪ ________	92 ➪ ________	94 ➪ ________
01 ➪ ________	34 ➪ ________	64 ➪ ________	91 ➪ ________
34 ➪ ________	42 ➪ ________	17 ➪ ________	43 ➪ ________
35 ➪ ________	78 ➪ ________	20 ➪ ________	73 ➪ ________
61 ➪ ________	39 ➪ ________	33 ➪ ________	33 ➪ ________
33 ➪ ________	33 ➪ ________	51 ➪ ________	62 ➪ ________
32 ➪ ________	26 ➪ ________	57 ➪ ________	69 ➪ ________
42 ➪ ________	52 ➪ ________	62 ➪ ________	72 ➪ ________
13 ➪ ________	23 ➪ ________	43 ➪ ________	53 ➪ ________
96 ➪ ________	97 ➪ ________	98 ➪ ________	99 ➪ ________
02 ➪ ________	04 ➪ ________	06 ➪ ________	07 ➪ ________

Nicht nur bei zweistelligen Zahlen ist es nützlich, rasch Wörter zuzuordnen, sondern auch, sobald man sich längere Zahlen einprägen soll, beispielsweise bei Geschichtsdaten oder Telefonnummern. Für lange Zahlen werden einem nicht schnell günstige Wörter einfallen. Deshalb ist es, wenn man rasch vorgehen muß, wichtig, Teile der Zahl durch Wörter zu ersetzen, die man schnell zur Verfügung hat. Die Basis sind natürlich Wörter für zwei Ziffern. Wenn man zwei davon aneinanderhängt, decken sie schon vier Ziffern ab usw. Hier ist Improvisationsgabe gefragt. Allerdings geht alles rascher, wenn man einige Wörter „gut drin hat" wie die Wörter für zweistellige Zahlen. Dann läuft bei ihrer Anwendung alles wie von selbst: automatisch. Dadurch wird man frei, sich auf die sperrigeren Teile zu konzentrieren.

Anwendungsgrenzen

Wenn Sie versuchen, längere Zahlenreihen zu verschlüsseln, werden Sie erfahren, daß für manche Ziffern-Kombinationen nur schwerlich deutsche Wörter zu finden sind. Wählen Sie dann Kunstwörter. Hauptsache, Sie können sich diese leicht einprägen. Bei langen Zahlen ergeben sich derartige Probleme noch eher.

Man sollte das Ziffern-Buchstaben-System nicht überall auf Biegen und Brechen anwenden. Manche Zahlen wie 1234, 5050 oder 4444 lassen sich viel rascher ohne dieses Hilfssystem einprägen, auch die Postleitzahl von Ebersberg (85555), wo sich die Gesellschaft für Gehirntraining e.V. befindet (siehe Kapitel 5).

Deshalb ist immer neu zu prüfen, wie man sich etwas am schnellsten merkt.

Selbstverständlich müssen Sie sich dieses Hilfssystem erst durch etwas Übung aneignen, damit Sie rasch und zuverlässig damit arbeiten können.

Das Loci-System (Technik der Orte)

Die Anwendung

Was ist alles einzukaufen? Sie fragen in der Familie. Jeder sagt, was nicht vergessen werden darf:

> 1 BANANEN, 2 KRISTALLGLÄSER, 3 PETERSILIE,
> 4 SCHREIBHEFT, 5 MINERALWASSER, 6 GLÜHBIRNE,
> 7 MARMELADE, 8 BUTTER, 9 HACKFLEISCH,
> 10 ZAHNPASTA, 11 KÖRNER für den Vogel,
> 12 BRÖTCHEN, 13 ROTE ROSEN

Sie könnten dafür das Zahlen-Bilder-System einsetzen. Statt dessen entscheiden Sie sich für das Loci-System, dessen Erwerb und Anwendung vielen Personen noch leichter fällt.

Diese Technik, auch als „Technik der Orte“ bezeichnet, geht auf den griechischen Lyriker Simonides (500 v. Chr.) zurück. Er selbst konnte stundenlange Reden ohne Manuskripte halten und schlug seinen Schülern vor, das Redemanuskript vorwiegend in Bildern zu verfassen.

Soweit es das Einprägen von vielen Inhalten, einschließlich abstrakten Ausdrücken, betrifft, scheint die Loci-Technik sogar leistungsfähiger als das Zahlen-Bilder-System zu sein. Dafür kann man mit dem Loci-System nicht so bequem Rechenoperationen durchführen.

Das Loci-System ist zudem leichter ausbaubar für größere Umfänge.

Das Hilfssystem

Beim Loci-System baut man sich zuerst eine feste Vorstellung von einem Raum oder bildlichem Schema auf. Ein solches kann ein Straßen- oder Ortsnetz sein, das einem möglichst vertraut ist.

Sobald man dieses Hilfssystem sicher beherrscht, kann man die aktuelle Information diesen Plätzen zuordnen. Anschließend, z.B. während einer Rede, geht man diese Plätze (= Orte = loci: daher Loci-Technik) im Geiste der Reihe nach ab und liest die damit verbundenen Informationen.

Wie sieht ein solches Hilfssystem aus?

Grundsätzlich stehen verschiedene Möglichkeiten zur Verfügung, z.B. Orte und Gegenstände im eigenen Haus, die an einem Weg bzw. hintereinander liegen: z.B. Weg von der (1) HAUSTÜR an der (2) GARDEROBE vorbei und dem (3) SCHIRMSTÄNDER zur (4) WOHNZIMMERTÜR. Man drückt die (5) TÜRKLINKE nieder, öffnet und steht gleich neben dem (6) FERNSEHGERÄT usw.

Später läuft man diesen Weg wieder ab und verbindet die aktuellen Informationen damit. Für das Einprägen an jedem Ort benötigt man zwischen fünf und zehn Sekunden. Beim Abrufen geht man wieder der Reihe nach von Ort zu Ort, erst Haustür, dann Garderobe usw. und vergegenwärtigt sich, was dort befestigt wurde.

Man muß sich natürlich nicht seine individuelle häusliche Umgebung als Hilfssystem wählen. Es gibt viele gleichwertige Möglichkeiten, wie beispielsweise den Körper, z.B. von den Zehen bis zu den Haaren auf dem Kopf (1 = kleine Zehe links, 2 = große Zehe links, 3 = Spann, 4 = Schienbein, 5 = Kniescheibe, 6 = Oberschenkel, 7 = Hüfte, 8 = Bauch, 9 = Brust, 10 = Kinn, 11 = Mund, 12 = Nase, 13 = Stirn, 14 = Haare, 15 = auf dem Kopf). Man kann auch von links über das linke Ohr nach oben und rechts am Körper wieder nach unten gehen. Auf diese Weise lassen sich größenordnungsmäßig zwei Dutzend Orte besetzen.

Zum Aufbau eines Loci-Systems schlagen wir hier als gemeinsame Basis für viele Leser Städte in Deutschland vor, die vielen vertraut sind. Sie zu kennen, dient obendrein der Allgemeinbildung. Damit hat man zwei Motive, sie sich einzuprägen.

Diese Städte bilden wichtige Punkte an Autostraßen entlang den Grenzen Deutschlands. Wir gehen vom Norden in den Süden entlang der Westgrenze.

Der Weg kann später erweitert werden und im Süden Deutschlands vom Westen nach Osten und von hier in den Norden und schließlich auf den Ausgangspunkt im Westen zurückführen. Wer das System zusätzlich erweitern will, hat die Chance, die Autobahnen im mittleren Teil Deutschlands hinzuzunehmen und vielleicht alles mit den oben angeführten Körperorten abzuschließen.

Wir beschäftigen uns hier mit einer Nord-Süd-Route, an der 14 Städte liegen. Prägen Sie sich diese ein. Andere Routen können Sie später hinzunehmen, falls Sie es für sinnvoll halten.

Aber allein mit der Nord-Süd-Route läßt sich schon viel anfangen.

Wie sieht sie aus?

Wilhelmshaven	1
Oldenburg	2
Osnabrück	3
Münster	4
Essen	5
Duisburg	6
Düsseldorf	7
Köln	8
Bonn	9
Koblenz	10
Trier	11
Saarbrücken	12
Karlsruhe	13
Freiburg	14

Nord-Süd-Route entlang der Westgrenze von Deutschland. Prägen Sie sich diese ein.

Wie man es sich rasch einprägt

Wie lernt man dieses Loci-System rasch? Es folgen Vorschläge in Stufen. Gehen Sie diese der Reihe nach durch. Sie müssen nicht alles an einem Tag leisten. Kreuzen Sie die Schritte an, die Sie bereits erledigt haben.

(1) Zuerst benötigen Sie den groben Überblick: Um welche Städte geht es? Wie folgen sie aufeinander? Warum beginnt alles mit Wilhelmshaven und endet mit Feiburg im Breisgau? Nehmen Sie vielleicht auch einmal Ihre deutsche Straßenkarte und vergleichen Sie. Gehen Sie mal alles daraufhin durch.

(2) Nächster Schritt: Schauen Sie nur die Städtenamen der Reihe nach an. Decken Sie die Zahlen dahinter ab. Sagen Sie von oben nach unten bei den Städten: „Wilhelmshaven = 1", „Oldenburg = 2", Osnabrück =..." usw. Sind Sie fertig? – Für viele Leser wird es günstiger sein, sich noch ein Bild zu der jeweiligen Stadt vorzustellen, z.B. für Wilhelmshaven ein großes Schiff, für Oldenburg eine alte Burg usw. Achten Sie darauf, daß nicht zwei Städte einander ähnliche Bilder haben und daß

die Bilder möglichst klar umrissen sind. Mit einem Mittagsteller mit Klößen (z.B. bei Essen) kann man etwas anfangen. Nebel oder Wasser sind dagegen nicht klar vorstellbar und deshalb ungünstig.

(3) Nun von unten nach oben das gleiche wie unter (2).

(4) Jetzt einmal durcheinander. Decken Sie nun alles vor der Zahlenreihe ab. Gehen Sie die Zahlen durch und sagen Sie immer die Stadt dazu.

(5) Anschließend gehen Sie die Städte von oben nach unten durch. Decken Sie die unteren ab. Beginnen Sie bei „1 Wilhelmshaven“. Was kommt dann? Welche Stadt danach usw.?

(6) Das gleiche noch einmal und noch einmal.

(7) Jetzt verfahren Sie genauso, diesmal aber von unten nach oben.

Das Problem bei größeren Umfängen ist, daß man im mittleren Bereich oft nicht mehr deutlich die Stellen auseinanderhalten kann, z.B. die Orte 8 und 9 oder bei längeren Reihen gar 15 und 16. Darüber kommen wir mit zwei einfachen Tricks hinweg:

1) Wir beschränken eine Route auf die Größenordnung von einem Dutzend Stellen.

2) Wir wählen zwei getrennte Routen, beim weiteren Ausbau sogar ein oder zwei zusätzliche Wege. Jede hat ihre Eigenständigkeit.

Sobald Sie die Nord-Süd-Route beherrschen, lesen Sie im Abstand von etwa zehn Sekunden die folgenden Wörter. Decken Sie mit den Händen immer den Rest der Wörter ab, damit Sie davon nicht abgelenkt werden...oder noch besser: jemand anderes liest sie Ihnen im Abstand von etwa zehn Sekunden vor.

Holen Sie aus Ihrer Erinnerung 1 Wilhelmshaven und verbinden Sie das erste Wort damit. Dann kommt 2 Oldenburg: das zweite neue Wort usw.

Jetzt die neuen Wörter:

1. KRANICH
2. DORF
3. AUGE
4. BIRKE
5. SPAGHETTI
6. SCHREIBMASCHINE
7. MESSER
8. FLUGZEUG
9. GURKE
10. KAMEL
11. ZIGARRE
12. KIRCHE
13. TOMATE

Entwerfen Sie bei Gelegenheit mehrere Wortreihen und üben Sie diese an den folgenden Tagen nach diesem Loci-System.

Wenn Sie mit diesen Vorgängen vertrauter werden, kann die Darbietung der neuen Wörter bis auf etwa fünf bis sieben Sekunden verringert werden. In diesem Zeitbereich liegen die Leistungsgrenzen, weil der Abruf der entsprechenden Stelle im Loci-System, die Aufnahme des neuen Wortes und deren Verbindung diese Zeit benötigen. Dieser Vorgang erfordert sehr viel Aufmerksamkeit und Konzentration. Man ist dabei „ganz bei der Sache“ und nimmt die Umwelt nicht mehr wahr und hat auch keine weiteren Gedanken oder Erinnerungen mehr. Andernfalls verschmelzen die beiden Wörter oder Bilder nicht fest genug, um beim erneuten Abruf der Loci-Stelle gemeinsam bewußt zu werden.

Sobald man die 14 Orte der Nord-Süd-Richtung gut beherrscht, kann man beispielsweise um eine Querroute von West nach Ost erweitern und diese dazulernen, so wie man von links nach rechts liest. Hier unser Vorschlag:

→

15		16		17		18		19
Singen	–	Lindau	–	Ulm	–	Augsburg	–	München

West-Ost-Route entlang der Südgrenze von Deutschland.
Prägen Sie sich diese ein.

Lernen Sie jede Route erst einmal für sich, bis sie „sitzt". Erst danach sollten Sie mit beiden arbeiten.

Anwendungsgrenzen

Genauso wie beim Zahlen-Bilder-System muß für jede neue Nennung eine Stelle im System vorhanden sein. Falls es bis 19 Stellen geht, kann man auch nur 19 neue Wörter oder Bilder darin festheften. Das Loci-System läßt sich aber, wie oben erörtert, bei Bedarf entsprechend ausweiten.

Eine hohe Leistung kann man mit derartigen Systemen nur erzielen, wenn sie richtig eingelernt sind. Falls man die Stellen des Loci-Systems nicht sicher beherrscht, wird die Aufnahme neuer Wörter eine zusätzliche Belastung. Man „schwimmt" dann.

Es kann zu Störungen kommen, wenn man dieses Hilfssystem häufig gebraucht, denn am Schluß läßt sich vieles nicht mehr auseinanderhalten und es treten Konfusionen auf. Deshalb wird angeraten, das Loci-System zur „Reinigung" in der ursprünglichen Fassung durchzugehen, d.h. beispielsweise: 1 = Wilhelmshaven, 2 = Oldenburg, 3 = Osnabrück usw.

Hilfssysteme kombinieren

Diese Strategien lassen sich kombinieren, beispielsweise das Ziffern-Buchstaben-System mit dem Loci-System. Falls Ihnen jemand eine Reihe von 30 Ziffern nacheinander sagt, können Sie z.B. immer je zwei nach dem Ziffern-Buchstaben-System in ein Wort umwandeln, wie 8 4 ⇨ Schaf. Dieses befestigen wir am ersten Ort, an Wilhelmshaven, das zweite an Oldenburg usw. Mit etwas Übung fällt Ihnen selbst einiges ein.

Bei längeren Reihen neuer Wörter oder Bilder, für die weder das Loci-System noch das Zahlen-Bilder-System je für sich ausreichen, kann man auch beide aneinanderhängen, beispielsweise das Loci-System bis 19 und dann für weitere 12 Nennungen das Zahlen-Bilder-System. Diese Kombination läßt sich für 31 Nennungen nutzen.

Anwendungsgrenzen der Hilfssysteme

Wo liegen die Anwendungen und Anwendungsgrenzen derartiger Hilfssysteme? Vorzüge sind da zu erwarten, wo man sich schnell etwas Aktuelles merken will, für das man kein System hat, in das man es einbauen kann: Einkaufen, Telefonnummern, Vornamen usw.

Selbst wenn man sich in ein umfangreicheres Sachgebiet einarbeiten will und noch ganz am Anfang steht und sich die Basisbegriffe erarbeiten will, können die Hilfssysteme nützlich sein. Sie ermöglichen es, sich schnell und für einige Tage ein, zwei und mehr Dutzend an weitgehend unabhängigen Daten einzuprägen, um sie im Kopf zu behalten und ohne weitere Hilfsmittel mit sich herumzutragen. Man kann sie bei Bedarf abrufen und damit weiterdenken und Beziehungen zwischen ihnen oder zumindest einigen von ihnen herstellen. So schlägt G. Staub in seinem Werk „Mega Memory. Gedächtnistraining" vor, sich die ehemaligen Teilrepubliken der aufgelösten UdSSR von oben (Norden) nach unten (Süden) mit Hilfe des Zahlen-Bilder-Systems einzuprägen: 1 Estland, 2 Lettland, 3 Litauen, 4 Rußland, 5 Weißrußland, 6 Ukraine, 7 Moldawien, 8 Georgien, 9 Armenien, 10 Aserbeidschan usw.

Für einen ersten Einstieg in diese Staaten genügt dies. Grenzen haben derartige Vorgehensweisen, wo es um vielfältige, sachlich richtige Beziehungen geht. Wer Fachmann werden will, muß dann Tatsachen dazulernen. Dies kann er aber, wie erwähnt, teilweise schon durch die bereits gelernten Staaten im Kopf, indem er sie abruft und Beziehungen zwischen ihnen herstellt wie: „Estland und Georgien liegen weit auseinander. Deshalb wird es kaum Nachbarschaftsstreitigkeiten zwischen ihnen geben, aber auch keine zu enge wirtschaftliche Beziehung. Man wird dort verschiedene Muttersprachen pflegen, ebenso unterschiedliche Traditionen und Religionen" usw. Man denkt sich ein Netz von Beziehungen, wird dadurch immer vertrauter mit diesen Republiken und bereitet sich zudem spezielle Fragestellungen vor wie: „Welche Religion herrscht eigentlich in Georgien vor, und welche in Estland?", „Welcher Staat hat mehr Einwohner, wieviele eigentlich genau?" usw. Diese Fragen helfen, das Fachwissen über dieses Gebiet schnell zu erweitern und einschlägiges Wissen rascher und sicherer als zuvor einordnen und interpretieren zu können.

Doch die Hilfssysteme helfen kaum noch, wenn es um den Ausbau von Sach- und Fachwissen geht. Sie fördern dagegen den Start.

Eine weitere Anwendungsgrenze betrifft die Anzahl der neu einzulernenden Begriffe. Er ist an den Umfang des Hilfssystems gebunden. Für viele Zwecke genügt ein Dutzend Daten, in bezug auf das Ziffern-Buchstaben-System die schnelle Umsetzung von zweistelligen Zahlen. Die Ausweitung erfordert einen oft erheblichen Mehraufwand für das Einlernen und die Pflege des jeweiligen Hilfssystems, dem vielleicht keine hinreichende Nutzung gegenübersteht.

Bei einer konkreten Anwendung kann auch die Auswahl eines Hilfssystems in Schwierigkeiten hineinführen. Insbesondere schaffen Begriffe des gleichen Hilfssystems Verwirrung, z.B. Kaktus im Zahlen-Bilder-System, z.B. an der fünften Stelle (die dritte entspricht ihm schon) oder die Stadt München im Loci-System, z.B. an der 5. Stelle (die 19. entspricht ihm). Werden Städte neu eingelernt, sollte man demnach von vornherein das Zahlen-Bilder-System für das rasche Einprägen verwenden.

Obschon man dem Nutzen von Hilfssystemen keine überzogenen Erwartungen entgegenbringen sollte, darf man ihre Vorzüge auch nicht übersehen. Denn schließlich motivieren sie, sein Gehirn zu benutzen und zu nutzen, da sie einem zeigen, wie man rasch und doch auch mit Spaß lernen kann. Sie illustrieren zudem deutlicher als die meisten Lerntätigkeiten in der Schule, im Studium, in der Ausbildung und im Beruf, welche Potentiale das eigene Gedächtnis noch hat und können anregen, sich mehr als bisher mit seinen eigenen Leistungspotentialen zu beschäftigen.

Zur praktischen Einübung der drei Gedächtnis-Hilfssysteme, die hier vorgestellt wurden, ist der folgende Teil mit 12 Übungseinheiten geschaffen worden.

Kapitel 3 enthält zwölf Übungseinheiten, die Sie im Alltag mehr oder weniger neben oder zwischen anderen Tätigkeiten durchführen können. Dabei werden Sie die Hilfssysteme immer besser beherrschen. Sie werden darin kompetent und können sie mit ihren Anwendungsmöglichkeiten, aber auch -grenzen zudem kompetenter als bisher beurteilen.

Ein doppelter Gewinn.

3. Die Übungen für rasche Meisterschaft

Sie kennen die drei Gedächtnis-Hilfssysteme bereits. Sie heißen (bitte ergänzen):

1. Za .... - .... - System

2. Zi .... - .... - System

3. Lo .. - System

Die Übungseinheiten sind systematisch aufeinander aufgebaut. Deshalb sollen sie nacheinander durchgeführt werden.

Wer nicht den Anfang findet, weil er sich nicht aufraffen kann, sich an die Übungen zu setzen, tut gut daran, mit Mentalem Aktivierungs-Training (= MAT) einzusteigen. Wie? Darüber gibt es Bücher, Hefte, Kartenspiele usw. (siehe auch Kapitel 1). Dennoch einige einfache Anregungen: Streichen Sie beispielsweise die „er" einer Seite durch oder blättern Sie ein wenig in diesem Übungsbuch herum, unverbindlich. Sie werden in der Regel allein schon durch das Herumblättern rasch geistig fitter. Es wächst die Lust, sich wieder den Übungseinheiten zuzuwenden.

Sehen Sie immer zu, daß noch der Schluß der Tätigkeit mit diesem Übungsbuch in die Zeit vor dem Einschlafen fällt. Was man da aufnimmt, selbst wenn man schon etwas müde ist, bleibt besonders stark und lange haften.

Zum Gebrauch

Sie erhalten in den folgenden 12 Übungseinheiten Gelegenheit, die drei Gedächtnis-Hilfssysteme

- **Ziffern-Buchstaben-System**
- **Zahlen-Bilder-System**
- **Loci-System**

so zu üben, daß Sie diese mit zunehmend geringerem Aufwand an Mühe und Anstrengung für Ihre Zwecke anwenden können. Sie lernen dabei, diese Hilfssysteme zum einen mit weniger Energieaufwand zu gebrauchen und werden zudem immer schneller und präziser. Die Abläufe im Umgang mit diesen Systemen werden dabei automatisiert. Sie benötigen bei ihrer Anwendung demnach immer weniger die bewußte Aufmerksamkeit, setzen also immer weniger den Kurzspeicher ein und machen ihn frei für andere Informationen.

Nun geht es darum, mit diesen Hilfssystemen noch vertrauter zu werden, sie schneller und sicherer zu beherrschen. Jede der folgenden Übungseinheiten enthält Aufgaben für alle drei Hilfssysteme. Dennoch muß nicht immer eine ganze Übungseinheit hintereinander geübt werden. Man kann sie teilen.

Es ist sogar günstiger, sich mit dem Stoff mehrmals am Tag auseinanderzusetzen, als ihn in einem Zug durchzumachen. Es gilt die Regel:

Nicht über ein bis zwei Stunden hintereinander. Falls sich früher Unlustgefühle einstellen, ist dies ein untrügliches Zeichen, daß man aufhören und sich entspannen oder anderen Dingen zuwenden sollte.

Dieses Buch ist nicht zum Anschauen da, sondern zum Bearbeiten: Learning by doing. Deshalb sollte man ihm die Bearbeitung ansehen. Es muß durchsetzt sein von Strichen, Zeichnungen, handschriftlichen Texten usw. Denn nur, was man aktiv erarbeitet hat und wiedergeben (reproduzieren) kann, beherrscht man. Dagegen meistert man selten, was man nur wiedererkennt.

Übungseinheiten 1 bis 7

In einigen Fällen finden Sie in den ersten Übungseinheiten Tabellen und Abbildungen vor, mit denen Sie sich in Kapitel 2 bereits auseinandergesetzt hatten. Nehmen Sie diese als Selbstprüfung Ihres Lernerfolges. Sie müßten bei der zweiten Bearbeitung folgendes feststellen:

Beim zweiten Mal

- ○ verstehen Sie schneller, worum es geht
- ○ können Sie die Aufgaben schneller bewältigen und
- ○ präziser ausführen.

Unter Umständen stellen Sie fest, daß Sie sich etwas falsch eingeprägt hatten. Diese Fehler sollten Sie rasch ausmerzen. Deshalb beginnen wir noch einmal bei den Anfangsgründen.

Nach sieben Übungseinheiten erhalten Sie die Chance zur Prüfung des Zwischenstandes, was Sie bis dahin gelernt haben.

1. Übungseinheit ______________________

Tag, Monat, Jahr

Übungen im Zahlen-Bilder-System: Fällt Ihnen sofort ein, welches Hilfssystem dies ist? Andernfalls schauen Sie sich noch einmal das Wort „Zahlen-Bilder-System“ an und überlegen Sie, warum es so heißt. Lesen Sie vielleicht noch einmal im Text von Kapitel 2 nach.

Tragen Sie nun in Tabelle 1 so rasch wie möglich hinter den Zahlen ein, welche Wörter und Bilder Ihnen einfallen. Machen Sie es ruhig durcheinander. Es soll vor allem schnell gehen.

Tabelle 1: Zahlen-Bilder-System zum Üben

Zahl	Bild	Wort	Zahl	Bild	Wort
7			9		
6			2		
4			12		
1			10		
2			8		
7			3		
11			4		
1			12		
4			10		
7			8		
12			1		
8			5		
10			7		
3			9		

Schreiben Sie auf einem Extrazettel oder auf einer Leerstelle dieses Blattes die Zahlen heraus, bei denen Ihnen das zugehörige Bild nicht sofort einfällt. Schauen Sie diese mehrfach an, um damit vertrauter zu werden.

Bild	⇒ Position?	Bild	⇒ Position?
	⇒		⇒ ....
	⇒		⇒ ....
	⇒		⇒ ....
	⇒		⇒ ....
	⇒		⇒ ....
	⇒		⇒ ....
	⇒		⇒ ....
	⇒	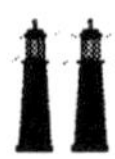	⇒ ....
	⇒		⇒ ....
	⇒		⇒ ....
	⇒		⇒ ....

Abbildung 1: Welche Zahlen gehören zu den Bildern? Tragen Sie diese so rasch wie möglich ein.

Das Ziffern-Buchstaben-System: Schauen Sie sich diesen Ausdruck „Ziffern-Buchstaben-System“ an. Welches Hilfssystem ist damit gemeint? Haben Sie sich das Richtige vorgestellt? Andernfalls prägen Sie es sich noch einmal gesondert ein, damit Sie diesen Ausdruck genauso sicher beherrschen wie „Apfel“ oder „Sonne“ oder „Stein“. Im Zweifelsfall immer im Kapitel 2 nachschauen.

Und was ist „Zahlen-Bilder-System“? Erst die Zahl, dann das Bild.

Nun zur Einübung des Ziffern-Buchstaben-Systems: An welche Buchstaben erinnern Sie sich? Schreiben Sie diese hinter die jeweilige Ziffer (zur Erinnerung: Ziffern sind einstellige Zahlen, in anderen Worten: Zahlen von 0 bis 9).

Schreiben Sie so schnell wie möglich, was Ihnen einfällt. Es muß nicht der Reihe nach sein.

Tabelle 2: Ziffern-Buchstaben-System zum Üben

0 ____________	2 ____________	1 ____________
2 ____________	1 ____________	3 ____________
4 ____________	2 ____________	5 ____________
6 ____________	5 ____________	7 ____________
8 ____________	0 ____________	9 ____________

Streichen Sie jede Ziffer durch, bei der Sie nicht wenigstens einen Buchstaben wußten. Dann schauen Sie in Kapitel 2 oder Tabelle 3 nach und tragen Sie den Rest ein.

Wenden Sie sich jetzt besonders den Ziffern zu, die Sie durchgestrichen hatten, weil Ihnen keiner der zugehörigen Buchstaben eingefallen war. Prägen Sie sich diese ein.

Decken Sie bei Tabelle 3 die vordere Spalte unter den Ziffern ab. Schauen Sie sich dann die Buchstaben einer Zeile gründlich an und schreiben Sie die Ziffer dahinter. Überlegen Sie, warum man in einigen Fällen genau diese Zuordnung gewählt hat (andernfalls zur Erinnerung in Kap. 2 nachschauen).

Tabelle 3: Noch einmal zur Übung das Ziffern-Buchstaben-System

Ziffer		Buchstabe(n)
0	=	z, s, ß
1	=	t, d
2	=	n
3	=	m, w
4	=	f, v
5	=	l, r
6	=	b, p
7	=	k, q, ch, ck
8	=	sch, h
9	=	g, ng, j

Sie haben bereits ein wenig Gefühl für das Ziffern-Buchstaben-System entwickelt. Nun probieren Sie die andere Möglichkeit aus, zu vorgegebenen Zahlen Wörter zu finden. Dabei ist wieder zu beachten, daß Vokale wie „i“,“o“, „eu“ usw. nur Füllsel sind, also nur den Konsonanten „b“, „d“, „m“ usw. dienen, damit man Wörter daraus bilden kann. Sie werden aber nicht in Ziffern übersetzt. Beispiel: 6 8 : z.B. b ..sch.. ⇨ *busch*, also Busch.

Bach wäre nicht erlaubt. Denn „ch“ steht für die 7, somit wird Bach zu 6 7. Bilden Sie nach Tabelle 4 Wörter zu zweistelligen Zahlen, wie sie die Grundlage vieler längerer Zahlen sein können. Bemühen Sie sich dabei nicht darum, originell zu sein. Es muß vor allem schnell gehen.

Tabelle 4: So rasch wie möglich ein Wort nach dem Ziffern-Buchstaben-System dahinterschreiben. Nicht lange nachdenken. Erst einmal leerlassen, wozu Ihnen nicht gleich etwas einfällt:

Zahl	Wort	Zahl	Wort	Zahl	Wort	Zahl	Wort
38 ⇨	______	44 ⇨	______	46 ⇨	______	33 ⇨	______
50 ⇨	______	55 ⇨	______	56 ⇨	______	48 ⇨	______
22 ⇨	______	27 ⇨	______	30 ⇨	______	18 ⇨	______
60 ⇨	______	63 ⇨	______	65 ⇨	______	58 ⇨	______
21 ⇨	______	95 ⇨	______	83 ⇨	______	47 ⇨	______
67 ⇨	______	70 ⇨	______	71 ⇨	______	66 ⇨	______
77 ⇨	______	79 ⇨	______	81 ⇨	______	76 ⇨	______
84 ⇨	______	85 ⇨	______	86 ⇨	______	82 ⇨	______
09 ⇨	______	10 ⇨	______	11 ⇨	______	08 ⇨	______
88 ⇨	______	89 ⇨	______	80 ⇨	______	87 ⇨	______
29 ⇨	______	39 ⇨	______	49 ⇨	______	19 ⇨	______
24 ⇨	______	54 ⇨	______	74 ⇨	______	14 ⇨	______
68 ⇨	______	43 ⇨	______	27 ⇨	______	37 ⇨	______
14 ⇨	______	15 ⇨	______	16 ⇨	______	12 ⇨	______
72 ⇨	______	05 ⇨	______	53 ⇨	______	59 ⇨	______
40 ⇨	______	72 ⇨	______	25 ⇨	______	31 ⇨	______
80 ⇨	______	36 ⇨	______	84 ⇨	______	41 ⇨	______
93 ⇨	______	75 ⇨	______	45 ⇨	______	28 ⇨	______
52 ⇨	______	90 ⇨	______	31 ⇨	______	59 ⇨	______

03 ➪ ________	92 ➪ ________	94 ➪ ________	00 ➪ ________
34 ➪ ________	64 ➪ ________	91 ➪ ________	01 ➪ ________
42 ➪ ________	17 ➪ ________	43 ➪ ________	34 ➪ ________
78 ➪ ________	20 ➪ ________	73 ➪ ________	35 ➪ ________
39 ➪ ________	51 ➪ ________	62 ➪ ________	61 ➪ ________
26 ➪ ________	57 ➪ ________	69 ➪ ________	32 ➪ ________
52 ➪ ________	62 ➪ ________	72 ➪ ________	42 ➪ ________
23 ➪ ________	43 ➪ ________	53 ➪ ________	13 ➪ ________
97 ➪ ________	98 ➪ ________	99 ➪ ________	96 ➪ ________
04 ➪ ________	06 ➪ ________	07 ➪ ________	02 ➪ ________

Falls Sie perfekter werden wollen, schreiben Sie auf ein Blatt Papier die Zahlen von 01 bis 99, ruhig durcheinander, und tragen Sie bei Gelegenheit so schnell wie möglich Wörter ein. Es soll das sein, was Ihnen rasch in den Sinn kommt. Wenn es die gleichen Wörter wie in Tabelle 4 sind, ist es um so besser. Denn dann geht es immer schneller. Wie schon erwähnt, Kreativität ist hier eher von Nachteil, weil sie immer mit großem Zeitaufwand verbunden ist.

Loci-System: Fällt Ihnen sofort ein, welches Hilfssystem dies ist? Andernfalls schauen Sie sich noch einmal das Wort „Loci-System“ an und überlegen Sie, warum es so heißt (lateinisch: locus – der Ort, loci - die Orte).

Sie können sich an ein konkretes Loci-System erinnern? Es ging um deutsche Städte. Welche waren dabei?

Schreiben Sie die, an die Sie sich sofort erinnern, hierher. Es kann durcheinander sein:

Falls Ihnen nichts einfällt, schauen Sie noch einmal im Kapitel 2 nach.

Zum Aufbau eines Loci-Systems schlugen wir hier als gemeinsame Basis für viele Anwender Städte in Deutschland vor, die vielen vertraut sind. Sie zu kennen, dient obendrein der Allgemeinbildung. Damit hat man zwei Motive, sie sich einzuprägen.

Diese Städte bilden wichtige Punkte an Autostraßen entlang den Grenzen Deutschlands. Wir gehen vom Norden in den Süden entlang der Westgrenze.

Der Weg kann später erweitert werden und im Süden Deutschlands vom Westen nach Osten und von hier in den Norden und schließlich auf den Ausgangspunkt im Westen zurückführen. Wer das System zusätzlich erweitern will, hat die Chance, die Autobahnen im mittleren Teil Deutschlands hinzuzunehmen und vielleicht alles mit dem oben angeführten Zahlen-Bilder-System abzuschließen.

> Wer bereits ein anderes Loci-System eingelernt hat, sollte dessen Gebrauch perfektionieren. Bei den folgenden Aufgaben zum Loci-System sind dann nicht alle geeignet. Im Einzelfall ist deren Eignung zu beurteilen. Die ungeeigneten sollten dann einfach überblättert werden.

Wir beschäftigen uns hier mit einer Nord-Süd-Route, an der 14 Städte liegen. Prägen Sie sich diese ein. Eine weitere Route werden wir später hinzunehmen.

Aber allein mit der Nord-Süd-Route läßt sich schon viel anfangen.

Wie sieht sie aus? Sie finden sie in Abbildung 2.

Wilhelmshaven	1
Oldenburg	2
Osnabrück	3
Münster	4
Essen	5
Duisburg	6
Düsseldorf	7
Köln	8
Bonn	9
Koblenz	10
Trier	11
Saarbrücken	12
Karlsruhe	13
Freiburg	14

Abbildung 2: Nord-Süd-Route entlang der Westgrenze von Deutschland. Prägen Sie sich diese ein.

Jetzt decken Sie die in Tabelle 5 folgenden Zahlen ab und geben sie nacheinander frei. Aber erst, wenn Sie zur gerade freigegebenen Zahl die entsprechende Stelle in Ihrem Loci-Schema gefunden haben. Fangen Sie an!

Tabelle 5: Welche Stadt gehört im Loci-System zu der Zahl? Schreiben Sie die Stadt dahinter. So rasch wie möglich. Erst links, dann rechts. Falls Ihnen nicht gleich etwas einfällt, lassen Sie die Stelle frei.

Position	Stadt
1	
3	
5	
7	
7	
10	
13	
10	
14	
12	
1	
4	
3	

Position	Stadt
2	
14	
6	
8	
9	
9	
11	
12	
11	
10	
3	
2	
12	

Jetzt genügt es erst einmal.

2. Übungseinheit ____________________
Tag, Monat, Jahr

Übungen im Zahlen-Bilder-System: Tragen Sie nun in Tabelle 6 so rasch wie möglich hinter den Zahlen ein, welche Wörter und Bilder Ihnen einfallen. Machen Sie es ruhig durcheinander. Es soll vor allem schnell gehen. Statt aufwendiger Bilder genügen eindeutig erkennbare Schemata.

Tabelle 6: Zahlen-Bilder-System zum Üben

Zahl	Bild	Wort	Zahl	Bild	Wort
7			9		
3			10		
6			8		
12			1		
7			5		
11			7		
11			4		
2			8		
4			1		
12			9		
10			2		
5			7		
1			9		
9			11		

Schreiben Sie auf einem Extrazettel oder auf einer Leerstelle dieses Blattes die Zahlen heraus, bei denen Ihnen das zugehörige Bild nicht sofort einfällt. Schauen Sie diese mehrfach an.

Jetzt gehen Sie von den Bildern aus und ordnen ihnen so schnell wie möglich die Position zu. In Abbildung 3 haben Sie dazu Gelegenheit.

Bild	⇒ Position?	Bild	⇒ Position?
	⇒		⇒ ....
	⇒		⇒ ....
	⇒		⇒ ....
	⇒		⇒ ....
	⇒		⇒ ....
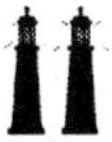	⇒		⇒ ....
	⇒		⇒ ....
	⇒		⇒ ....

Abbildung 3: Welche Zahlen gehören zu den Bildern?
Tragen Sie diese so rasch wie möglich ein.

Loci-System: Wir üben wieder die Nord-Süd-Städteroute.

Gehen Sie die Städte von oben nach unten bzw. von den Zahlen 1 bis 14 einmal im Kopf durch. Jetzt versuchen Sie das gleiche rückwärts, also erst Nummer 14, dann 13, danach 12 usw.

Der gleiche Vorgang noch einmal. Und noch einmal.
Gehen Sie nun alle Städte von 19 bis 1 rückwärts durch, nur aus dem Kopf.

Decken Sie anschließend die folgenden Zahlen ab und geben Sie sie von links nach rechts nacheinander frei. Aber erst, wenn Sie zur gerade freigegebenen Zahl die entsprechende Stelle in Ihrem Loci-Schema gefunden haben. Fangen Sie an!

14 12 13 5 4 11 3 10 7 6 8 12 9 7 10 1 4 6 3

Und jetzt noch einmal alles vorwärts, der Reihe nach nur im Kopf: Welche Stadt entspricht 1, welche 2 usw.?

Dazu decken Sie die folgenden Städtenamen ab und geben Sie diese von links nach rechts nacheinander frei.

Die Position von
Münster? Wilhelmshaven? Köln? Düsseldorf? Osnabrück? Duisburg? Freiburg? Karlsruhe? Oldenburg? Essen? Koblenz? Trier? Saarbrücken?

Nun üben Sie wieder die andere Möglichkeit. Stellen Sie sich rasch zu jeder der folgenden Zahlen den Städtenamen und Ihr typisches Bild dazu vor. Wieder von links nach rechts:

6 3 12 10 4 5 9 4 12 2 11 8 1 7 13

Ziffern-Buchstaben-System: Erst einmal Zuordnungen zum Einüben und als Spiel. Praktisch als Aufwärmübung, damit Sie gleich wieder drin sind. Oben steht immer eine Ziffer. Schreiben Sie in das Feld darunter so rasch wie möglich wenigstens einen der zugeordneten Buchstaben. Zuerst vier Beispiele in Tabelle 7.

Tabelle 7: Übungen nach dem Ziffern-Buchstaben-System, so rasch wie möglich Buchstaben zuordnen.

Beispiele:	Beginn:						
0 3 2 1	2 4 5	3 1 9	4 2 5	7 6 4	9 3 5	0 2 3	5 6 4
z w n t							
s m d							
ß							

Nun überprüfen Sie die Buchstaben (z.B. nach Tab. 3). Hat es gestimmt? Wichtig ist, daß zu jeder Zahl wenigstens ein Buchstabe richtig zugeordnet wurde.

Gehen Sie jetzt noch einmal schnell alles durch und ergänzen Sie um die restlichen Buchstaben. Deren Reihenfolge spielt keine Rolle. Bei „5“ beispielsweise ist sowohl „l, r“ als auch „r, l“ richtig.

Durch diese Übung werden Sie freier für weitere Möglichkeiten, falls Sie schnell ein Wort zu einer Zahl suchen sollen. Wenn Ihnen nicht sofort eines einfällt, können Sie Ihre Chance bei den alternativen Buchstaben wahrnehmen.

Sie befinden sich noch in einer Phase, in der Sie das Gespür für die Möglichkeiten der Zuordnung von Ziffern und Buchstaben sowie Wörtern entwickeln. Es folgen deshalb mehrere Beispiele für Wörter zu den Zahlen aus der Serie 00 bis 99. Falls Ihnen noch etwas einfällt, schreiben Sie es dahinter. Vielleicht vervollständigen Sie die Zahlen auch noch. Es fehlen 07 bis 19, 27 bis 30, 33 bis 99.

00:	Soße, süß, Süße, Sause, ...
01:	Saat, Sud, Saudi, Zote, ...
02:	Sein, Zaun, Zone, ...
03:	Saum, Zoom, ...
04:	Seife, ...
05:	Seil, sauer, ...
06:	Sieb, ...
20:	Nase, ...
21:	Not, Nöte, Nute, ...
22:	nein, nun, Anni, Unna, ...
23:	Name, ...
24:	naiv, ...
25:	Niere,...
26:	Nabe, ...
30:	Muße, Muse, Mus, Maus, ...
31:	Mut, Maat, Maut, müde, ...
32:	wen, Mine, ...

Die folgenden Übungen haben Sie schon einmal durchgeführt, allerdings in anderer Reihenfolge. Sie werden feststellen, daß es nun rascher und leichter geht.

Tabelle 8: Übungen nach dem Ziffern-Buchstaben-System, Wörter in Zahlen rückverwandeln

Wort	Zahl	Wort	Zahl	Wort	Zahl
Tor ⇨		Mief ⇨		Made ⇨	
Tour ⇨		Rad ⇨		Mut ⇨	
Tier ⇨		Taube ⇨		Saum ⇨	
Laus ⇨		Eber ⇨		Saat ⇨	
Bär ⇨		tot ⇨		Beere ⇨	
Maus ⇨		Rübe ⇨		Hut ⇨	
Raub ⇨		Weg ⇨		schade ⇨	
übel ⇨		Gang ⇨		Lama ⇨	
Tal ⇨		Schaum ⇨		Zaun ⇨	
Sieg ⇨		Bude ⇨		Mode ⇨	
rot ⇨		Baum ⇨		aber ⇨	
Laube ⇨		tief ⇨		Tüte ⇨	
Raum ⇨		Rat ⇨		Dame ⇨	
Rebe ⇨		Taub ⇨		Raum ⇨	
Tute ⇨		Kuh ⇨		Zehe ⇨	

Die Lösungen stehen am Schluß dieser Übungseinheit

Sie haben schon Gefühl für das Ziffern-Buchstaben-System entwickelt. Nun probieren Sie die andere Möglichkeit aus, zu vorgegebenen Zahlen Wörter zu finden. Beispiel: 6 8 ⇨ *busch*.

Bilden Sie sich selbst Wörter zu zweistelligen Zahlen. Bemühen Sie sich dabei nicht darum, originell zu sein. Es muß vor allem schnell gehen. Später wird es darauf ankommen.

Tabelle 9: Übungen nach dem Ziffern-Buchstaben-System, aus Zahlen Wörter bilden

Bearbeiten Sie zuerst die linke Spalte von oben nach unten, dann die rechts daneben usw.:

Zahl	Wort	Zahl	Wort	Zahl	Wort	Zahl	Wort
37 ➪	________	66 ➪	________	43 ➪	________	27 ➪	________
59 ➪	________	57 ➪	________	05 ➪	________	53 ➪	________
41 ➪	________	80 ➪	________	36 ➪	________	84 ➪	________
28 ➪	________	93 ➪	________	75 ➪	________	45 ➪	________
59 ➪	________	52 ➪	________	90 ➪	________	31 ➪	________
01 ➪	________	34 ➪	________	64 ➪	________	90 ➪	________
34 ➪	________	42 ➪	________	17 ➪	________	45 ➪	________
35 ➪	________	78 ➪	________	20 ➪	________	33 ➪	________
61 ➪	________	39 ➪	________	51 ➪	________	64 ➪	________

Lösungen beim Ziffern-Buchstaben-System (Tab. 8):

Wort		Zahl	Wort		Zahl	Wort		Zahl
Tor	➪	15	Mief	➪	34	Made	➪	31
Tour	➪	15	Rad	➪	51	Mut	➪	31
Tier	➪	15	Taube	➪	16	Saum	➪	03
Laus	➪	50	Eber	➪	65	Saat	➪	01
Bär	➪	65	tot	➪	11	Beere	➪	65
Maus	➪	30	Rübe	➪	56	Hut	➪	81
Raub	➪	56	Weg	➪	39	schade	➪	81
übel	➪	65	Gang	➪	99	Lama	➪	53
Tal	➪	15	Schaum	➪	83	Zaun	➪	02
Sieg	➪	09	Bude	➪	61	Mode	➪	31
rot	➪	51	Baum	➪	63	aber	➪	65
Laube	➪	56	tief	➪	14	Tüte	➪	11
Raum	➪	53	Rat	➪	51	Dame	➪	13
Rebe	➪	56	Taub	➪	16	Raum	➪	53
Tute	➪	11	Kuh	➪	78	Zehe	➪	08

3. Übungseinheit ____________________

Tag, Monat, Jahr

Übungen im Zahlen-Bilder-System: Das Zahlen-Bilder-System werden Sie bald noch rascher und sicherer beherrschen als bisher. Tragen Sie nun in Tabelle 10 so schnell wie möglich hinter den Zahlen ein, welche Wörter und Bilder Ihnen einfallen. Machen Sie es ruhig durcheinander. Es soll vor allem rasch gehen.

Tabelle 10: Zahlen-Bilder-System zum Üben

Zahl	Bild	Wort	Zahl	Bild	Wort
12			9		
10			2		
5			7		
1			12		
11			4		
4			1		
19			11		
3			10		
6			8		
12			1		
11			7		
6			9		
2			8		
7			5		

Schreiben Sie auf einem Extrazettel oder auf den Leerstellen dieses Blattes die Zahlen heraus, bei denen Ihnen das zugehörige Bild nicht sofort einfällt. Schauen Sie diese mehrfach an, um damit vertrauter zu werden.

Sicherlich haben Sie einige Schwachstellen bei sich bemerkt. Um auch diese rasch zu beseitigen, folgt gleich eine ähnliche Übung. Tragen Sie nun in Tabelle 11 so rasch wie möglich hinter den Zahlen ein, welche Wörter und Bilder Ihnen einfallen. Machen Sie es ruhig durcheinander. Es soll vor allem schnell gehen.

Tabelle 11: Zahlen-Bilder-System zum Üben

Zahl	Bild	Wort	Zahl	Bild	Wort
7			5		
12			3		
2			11		
1			8		
11			4		
6			7		
8			10		
3			9		
4			7		
10			1		
9			7		
12			6		
2			4		
7			12		

Schreiben Sie auf einem Extrazettel oder auf einer Leerstelle dieses Blattes die Zahlen heraus, bei denen Ihnen das zugehörige Bild nicht sofort einfällt. Schauen Sie diese mehrfach an, um damit vertrauter zu werden.

Übungen zum Ziffern-Buchstaben-System: Zuerst wieder Zuordnungen zum Einüben und als Spiel. Praktisch als Aufwärmübung, damit Sie gleich wieder drin sind. Oben steht immer eine Ziffer. Schreiben Sie in das Feld darunter so rasch wie möglich wenigstens einen der zugeordneten Buchstaben. Zuerst vier Beispiele:

Tabelle 12: Übungen nach dem Ziffern-Buchstaben-System, so rasch wie möglich Buchstaben unter den Ziffern eintragen.

Beispiele:	Beginn:						
6 8 9 7	2 5 6	8 7 9	4 6 5	7 1 0	8 8 5	0 7 3	9 6 4
b sc g k							
p h ng q							
p h ch							
ck							

Ergänzen Sie Ihre Angaben in Tabelle 12 um die restlichen Buchstaben. Dazu dürfen Sie zur Kontrolle Tabelle 3 heranziehen.

Unterstreichen Sie die Buchstaben, an die Sie sich nicht mehr erinnern konnten. Schauen Sie sich diese noch einmal in Ruhe an.

Tun Sie mit Tabelle 13 das gleiche wie vorher mit Tabelle 12: Erst rasch Buchstaben eintragen, dann ergänzen.

Tabelle 13: Übungen nach dem Ziffern-Buchstaben-System, so rasch wie möglich Buchstaben unter den Ziffern eintragen.

Beispiele:	Beginn:						
5 3 2 1	2 4 2	3 1 3	4 2 5	1 6 4	6 3 5	4 2 3	5 6 4
l m n t							
r w d							

Nun überprüfen Sie die Buchstaben anhand Tabelle 3. Hat es gestimmt?

Im folgenden versuchen Sie, in jeder Zeile hinter die beiden Ziffern wieder ein Wort zu schreiben. Es soll nur aus den zugeordneten Buchstaben und Vokalen bestehen. Beispiel:

6 8 ➩ busch.

Nehmen Sie wieder, was Ihnen einfällt. Nicht zu lange nachdenken.

Bilden Sie sich selbst Wörter.

Tabelle 14: Übungen nach dem Ziffern-Buchstaben-System, innerhalb sechs Minuten Zahlen in Wörter verwandeln

Gehen Sie pro Zeile von links nach rechts vor. Bearbeiten Sie dann die darunterliegende Zeile usw.:

Zahl	Wort	Zahl	Wort	Zahl	Wort	Zahl	Wort
42 ➩	________	56 ➩	________	78 ➩	________	31 ➩	________
45 ➩	________	33 ➩	________	88 ➩	________	91 ➩	________
70 ➩	________	56 ➩	________	62 ➩	________	59 ➩	________
25 ➩	________	87 ➩	________	59 ➩	________	03 ➩	________
47 ➩	________	63 ➩	________	05 ➩	________	62 ➩	________
48 ➩	________	01 ➩	________	27 ➩	________	60 ➩	________
09 ➩	________	64 ➩	________	77 ➩	________	59 ➩	________
15 ➩	________	28 ➩	________	41 ➩	________	18 ➩	________
19 ➩	________	15 ➩	________	42 ➩	________	63 ➩	________
79 ➩	________	71 ➩	________	29 ➩	________	25 ➩	________

Nun sollen Sie die Wörter in Zahlenreihen zurückverwandeln (Tabelle 15). Schreiben Sie es dahinter und vergleichen Sie mit den Lösungen am Schluß dieser Übungseinheit.

Tabelle 15: Übungen nach dem Ziffern-Buchstaben-System, innerhalb zwei Minuten Wörter in Zahlen verwandeln.

Wort	Zahl	Wort	Zahl	Wort	Zahl
Laus ⇨		Mode ⇨		Haus ⇨	
Tür ⇨		Weg ⇨		Lüge ⇨	
Ziege ⇨		Schaf ⇨		Wut ⇨	
Rate ⇨		Saat ⇨		Rübe ⇨	
Lob ⇨		Kali ⇨		Lakai ⇨	
Tat ⇨		Name ⇨		Zar ⇨	
Rabe ⇨		Dur ⇨		Rute ⇨	
Lied ⇨		Gong ⇨		Teil ⇨	
Gel ⇨		Rausch ⇨		Zehe ⇨	
Wal ⇨		Süd ⇨		Base ⇨	
Vieh ⇨		Weile ⇨		Nut ⇨	
Zug ⇨		Taufe ⇨		Fan ⇨	
Mauer ⇨		Rate ⇨		Rang ⇨	
Scham ⇨		Woge ⇨		kauen ⇨	
Tang ⇨		Haube ⇨		Nase ⇨	

Die Lösungen stehen am Ende dieser Übungseinheit.

Jetzt versuchen Sie noch einmal mit den Ihnen bereits bekannten zweistelligen Zahlen, diese rasch in Wörter umzusetzen. Es sind 36 Zahlen. Schaffen Sie es in sechs Minuten?

Tabelle 16: Übungen nach dem Ziffern-Buchstaben-System, innerhalb sechs Minuten Zahlen in Wörter verwandeln.

Bearbeiten Sie zuerst die linke Spalte von oben nach unten, dann die rechts daneben usw.:

Zahl	Wort	Zahl	Wort	Zahl	Wort	Zahl	Wort
37 ⇨	________	66 ⇨	________	43 ⇨	________	27 ⇨	________
59 ⇨	________	72 ⇨	________	05 ⇨	________	53 ⇨	________
41 ⇨	________	80 ⇨	________	36 ⇨	________	84 ⇨	________
28 ⇨	________	93 ⇨	________	75 ⇨	________	45 ⇨	________
59 ⇨	________	52 ⇨	________	90 ⇨	________	31 ⇨	________
01 ⇨	________	34 ⇨	________	64 ⇨	________	90 ⇨	________
34 ⇨	________	42 ⇨	________	17 ⇨	________	45 ⇨	________
35 ⇨	________	78 ⇨	________	20 ⇨	________	33 ⇨	________
61 ⇨	________	39 ⇨	________	51 ⇨	________	64 ⇨	________

Nach Tabelle 17 sollen Sie die Wörter in Zahlenreihen zurückverwandeln. Schreiben Sie es dahinter und vergleichen Sie mit den Lösungen am Schluß dieser Übungseinheit. Zur Kontrolle: bange ⇨ 6 9.

Versuchen Sie, innerhalb von 2 Minuten fertig zu sein. Sie sollten dabei nicht mehr als fünf falsche zweistellige Zahlen haben.

Tabelle 17: Übungen nach dem Ziffern-Buchstaben-System, innerhalb zwei Minuten die Wörter in Zahlen rückverwandeln.

Gehen Sie immer zeilenweise vor, also in jeder Zeile von links nach rechts:

Wort	Zahl	Wort	Zahl	Wort	Zahl
Tor ➪		Mief ➪		Made ➪	
Tour ➪		Rad ➪		Mut ➪	
Tier ➪		Taube ➪		Saum ➪	
Laus ➪		Eber ➪		Saat ➪	
Bär ➪		tot ➪		Beere ➪	
Maus ➪		Rübe ➪		Hut ➪	
Raub ➪		Weg ➪		schade ➪	
übel ➪		Gang ➪		Lama ➪	
Tal ➪		Schaum ➪		Zaun ➪	
Sieg ➪		Bude ➪		Mode ➪	
rot ➪		Baum ➪		aber ➪	
Laube ➪		tief ➪		Tüte ➪	
Raum ➪		Rat ➪		Dame ➪	
Rebe ➪		Taub ➪		Raum ➪	
Tute ➪		Kuh ➪		Zehe ➪	

Loci-System: Erneut Übungen zur Nord-Süd-Städteroute.

Gehen Sie die Städte von oben nach unten bzw. von den Zahlen 1 bis 14 einmal im Kopf durch.

Wiederholen Sie das gleiche.

Jetzt tun Sie dies rückwärts, also erst Nummer 14, dann 13, danach 12 usw. Sobald Sie bei 1 angelangt sind, gehen Sie noch einmal alles von hinten nach vorne durch.

Und jetzt noch einmal alles vorwärts.
Nun machen Sie dies durcheinander, um die Zuordnungen zwischen Städten und Zahlen zu festigen.

Dazu decken Sie die folgenden Städtenamen ab und geben Sie diese von links nach rechts nacheinander frei.

Die Position von

Essen? Bonn? Duisburg? Saarbrücken? Trier? Köln? Freiburg? Osnabrück? Wilhelmshaven? Münster? Karlsruhe?

Vergleichen Sie mit Abbildung 2.

Nun üben Sie das Umgekehrte. Stellen Sie sich rasch zu jeder der folgenden Zahlen den Städtenamen und Ihr typisches Bild dazu vor. Wieder von links nach rechts:

36 1 4 14 10 6 13 7 10 12 2 9

Lösungen zu den Übungen nach dem Ziffern-Buchstaben-System (Tab. 15):

Wort		Zahl	Wort		Zahl	Wort		Zahl
Laus	➪	50	Mode	➪	31	Haus	➪	80
Tür	➪	15	Weg	➪	39	Lüge	➪	59
Ziege	➪	09	Schaf	➪	84	Wut	➪	31
Rate	➪	51	Saat	➪	01	Rübe	➪	56
Lob	➪	56	Kali	➪	75	Lakai	➪	57
Tat	➪	11	Name	➪	23	Zar	➪	05
Rabe	➪	56	Dur	➪	15	Rute	➪	51
Lied	➪	51	Gong	➪	99	Teil	➪	15
Gel	➪	95	Rausch	➪	58	Zehe	➪	08
Wal	➪	35	Süd	➪	01	Base	➪	60
Vieh	➪	48	Weile	➪	35	Nut	➪	21
Zug	➪	09	Taufe	➪	14	Fan	➪	42
Mauer	➪	35	Rate	➪	51	Rang	➪	59
Scham	➪	83	Woge	➪	39	kauen	➪	72
Tang	➪	19	Haube	➪	86	Nase	➪	20

Lösungen zu den Übungen nach dem Ziffern-Buchstaben-System (Tab. 17): Sie entsprechen den Lösungen zu Tab. 8 am Ende der 2. Übungseinheit.

4. Übungseinheit ____________________

Tag, Monat, Jahr

Übungen im Zahlen-Bilder-System: Damit Sie im Umgang mit dem Zahlen-Bilder-System fit bleiben und noch fitter werden, sind verschiedene Aspekte zu üben. Erst einmal die Zuordnung der Bilder zu den vorgegebenen Positionen. Was kommt an Stelle 2? was an 7 usw.? Tragen Sie in Tabelle 18 so rasch wie möglich hinter den Zahlen ein, welche Wörter und Bilder Ihnen einfallen. Machen Sie es ruhig durcheinander. Es soll vor allem schnell gehen.

Tabelle 18: Zahlen-Bilder-System zum Üben

Zahl	Bild	Wort	Zahl	Bild	Wort
3	______	______	2	______	______
10	______	______	4	______	______
9	______	______	7	______	______
4	______	______	5	______	______
8	______	______	12	______	______
6	______	______	4	______	______
13	______	______	11	______	______
12	______	______	6	______	______
2	______	______	4	______	______
5	______	______	11	______	______
1	______	______	5	______	______
8	______	______	10	______	______
10	______	______	1	______	______
9	______	______	7	______	______

Nachfolgend sind möglichst schnell die Zahlen hinter die Bezeichnungen der Bilder zu schreiben.

Tabelle19: Zahlen-Bilder-System zum Üben

Wort	Zahl	Wort	Zahl	Wort	Zahl
Sanduhr	⇨	Leuchttürme	⇨	Stuhl	⇨
Hand	⇨	Sanduhr	⇨	Stuhl	⇨
Trommler	⇨	Elefant	⇨	Kaktus	⇨
Kerze	⇨	Hand	⇨	Leuchttürme	⇨
Leuchttürme	⇨	Uhr	⇨	Kerze	⇨
Pfeife	⇨	Fahne	⇨	Sanduhr	⇨
Stuhl	⇨	Elefant	⇨	Fahne	⇨
Pfeife	⇨	Kaktus	⇨	Pfeife	⇨
Kerze	⇨	Stuhl	⇨	Uhr	⇨
Hand	⇨	Uhr	⇨	Fahne	⇨
Stuhl	⇨	Trommler	⇨	Pfeife	⇨
Sanduhr	⇨	Kaktus	⇨	Pfeife	⇨
Kerze	⇨	Leuchttürme	⇨	Elefant	⇨
Trommler	⇨	Sanduhr	⇨	Stuhl	⇨
Uhr	⇨	Kaktus	⇨	Leuchttürme	⇨

Anhand Tabelle 20 sollen Sie möglichst rasch die Zahlen hinter die Bezeichnungen der Bilder schreiben. Daß dies nahezu miteinander verschmelzen kann, ist nachvollziehbar, wenn man überlegt, daß wir für die Zuordnung von Wörtern zu Bildern oft so wenig Zeit brauchen, daß wir sie manchmal für identisch halten, z.B. Kerze und ihr Bild. Entsprechend können die Zahlen und Bilder nahezu gemeinsam bewußt werden.

Tabelle 20: Zahlen-Bilder-System zum Üben

Wort	Zahl	Wort	Zahl	Wort	Zahl
Kerze	➪	Pfeife	➪	Fahne	➪
Elefant	➪	Leuchttürme	➪	Uhr	➪
Trommler	➪	Sanduhr	➪	Kerze	➪
Uhr	➪	Pfeife	➪	Kaktus	➪
Pfeife	➪	Sanduhr	➪	Leuchttürme	➪
Stuhl	➪	Trommler	➪	Elefant	➪
Kaktus	➪	Hand	➪	Uhr	➪
Fahne	➪	Kerze	➪	Hand	➪
Leuchttürme	➪	Sanduhr	➪	Kaktus	➪
Hand	➪	Pfeife	➪	Kerze	➪
Kerze	➪	Elefant	➪	Stuhl	➪
Uhr	➪	Kaktus	➪	Leuchttürme	➪
Trommler	➪	Pfeife	➪	Hand	➪
Sanduhr	➪	Stuhl	➪	Kaktus	➪

Schreiben Sie auf einem Extrazettel oder auf einer Leerstelle dieses Blattes die Zahlen heraus, die Ihnen nicht sofort einfallen. Schauen Sie diese mehrfach an, um damit vertrauter zu werden.

Übungen zum Ziffern-Buchstaben-System: Erst eine Übung zum Aufwärmen: Schreiben Sie hinter die folgenden Ziffern so schnell wie möglich die Buchstaben, die Ihnen einfallen. Es muß nicht der Reihe nach sein.

Tabelle 21: Übungen nach dem Ziffern-Buchstaben-System, rasch den Ziffern Buchstaben zuordnen

Ziffer		Buch- stabe	Ziffer		Buch- stabe	Ziffer		Buch- stabe
2	=	______	2	=	______	6	=	______
7	=	______	8	=	______	1	=	______
1	=	______	4	=	______	3	=	______
4	=	______	1	=	______	0	=	______
3	=	______	6	=	______	5	=	______
9	=	______	0	=	______	4	=	______
5	=	______	6	=	______	1	=	______
0	=	______	4	=	______	7	=	______
7	=	______	0	=	______	3	=	______
8	=	______	9	=	______	9	=	______
9	=	______	0	=	______	2	=	______
3	=	______	5	=	______	8	=	______

Schreiben Sie sich jede Ziffer heraus, bei der Sie länger stocken. Schauen Sie sich diese noch einmal genau an.

Jetzt geht es um längere Zahlen als bisher, um Zahlen mit drei Ziffern. Denn es wird Zeit, daß Sie auch damit Erfahrungen gewinnen. Dementsprechend brauchen Sie längere Wörter.
Was ist *Bogen*? ⇨ 6 9 2 .

Tabelle 22: Übungen nach dem Ziffern-Buchstaben-System, innerhalb zwei Minuten Wörter in Zahlen verwandeln.

Wort	Zahl	Wort	Zahl	Wort	Zahl
Torf	➪	Magen	➪	Ratte	➪
Traufe	➪	mauern	➪	Kalb	➪
Wagen	➪	Beeren	➪	Traube	➪
Mast	➪	Hütte	➪	hüten	➪
Wolke	➪	Schall	➪	baden	➪
geht	➪	warm	➪	Kurde	➪
Rotte	➪	Keiler	➪	Kälte	➪
Pfad	➪	Reben	➪	Rand	➪
Räder	➪	Taste	➪	Knabe	➪
Dübel	➪	Damm	➪		

Die Lösungen stehen am Schluß dieser Übungseinheit.

Versuchen Sie nun, in jeder Zeile hinter drei Ziffern ein Wort zu schreiben. Es soll nur aus den zugeordneten Buchstaben und Vokalen bestehen. Beispiel:

6 8 9 ➪ b ..sch..g.. ➪ *buschig.*

Bilden Sie nach Tabelle 23 selbst Wörter. Es wird nicht immer leicht sein; daher haben Sie mehrfach die Gelegenheit, sich einfach Ihr persönliches Wort zu schaffen. Erst die linke Spalte nach unten.

Tabelle 23: Übungen nach dem Ziffern-Buchstaben-System, innerhalb von fünf Minuten Wörter in Zahlen verwandeln.

Zahl	Wort	Zahl	Wort
637 ⇨		539 ⇨	
241 ⇨		028 ⇨	
959 ⇨		701 ⇨	
348 ⇨		385 ⇨	
617 ⇨		563 ⇨	
209 ⇨		471 ⇨	
702 ⇨		195 ⇨	
111 ⇨		048 ⇨	
653 ⇨		914 ⇨	

Nur stichprobenhaft sei auf zwei Erfahrungen bzw. Überlegungen hingewiesen:

- Bei einigen Zahlen ist es besonders schwer, geeignete Wörter zu finden.
- Bei einfachen Zahlen wie 111 oder 123 muß man sich fragen, ob sich der Aufwand lohnt, diese in Wörter umzusetzen.

Loci-System: Sobald man die 14 Orte der Nord-Süd-Richtung gut beherrscht, kann man beispielsweise um eine Querroute von West nach Ost erweitern und diese dazulernen, so wie man von links nach rechts liest.

Die Querroute führt von Singen bis München. Singen hat die Nummer 15, München die Position 19 (siehe Abb. 4).

15		16		17		18		19
Singen	–	Lindau	–	Ulm	–	Augsburg	–	München

Abbildung 4: West-Ost-Route entlang der Südgrenze von Deutschland. Prägen Sie sich diese ein.

Lernen Sie nun die Südroute erst einmal für sich, bis sie „sitzt“. Erst danach sollten Sie mit beiden Städterouten arbeiten.

Gehen Sie nach Osten bis zur Nummer 19.

Prägen Sie sich die Städte ein: Singen 15, Lindau 16 usw. bis München 19.

Wiederholen Sie diesen Weg einige Male.

Jetzt decken Sie die folgenden Zahlen ab und geben sie nacheinander frei. Aber erst, wenn Sie zur gerade freigegebenen Zahl die entsprechende Stelle in Ihrem Loci-Schema gefunden haben. Fangen Sie an!

15 16 17 18 19 15 16 15 17 18 19 15

Und zum Abschluß gehen Sie im Kopf einmal alle durch, von 1 Wilhelmshaven bis 19 München. Nach 14 Freiburg kommt 15 Singen.

Lösungen zum Ziffern-Buchstaben-System (Tab. 22):

Wort		Zahl	Wort		Zahl	Wort		Zahl
Torf	⇨	154	Magen	⇨	392	Ratte	⇨	511
Traufe	⇨	154	mauern	⇨	352	Kalb	⇨	756
Wagen	⇨	392	Beeren	⇨	652	Traube	⇨	156
Mast	⇨	301	Hütte	⇨	811	hüten	⇨	812
Wolke	⇨	357	Schall	⇨	855	baden	⇨	612
geht	⇨	981	warm	⇨	353	Kurde	⇨	751
Rotte	⇨	511	Keiler	⇨	755	Kälte	⇨	751
Pfad	⇨	641	Reben	⇨	562	Rand	⇨	521
Räder	⇨	515	Taste	⇨	101	Knabe	⇨	726
Dübel	⇨	165	Damm	⇨	133			

5. Übungseinheit ______________________

Tag, Monat, Jahr

Ziffern-Buchstaben-System: drei- und vierstellige Zahlen
Dreistellige Zahlen sind Zahlen mit drei Ziffern und vierstellige entsprechen Zahlen mit vier Stellen. Entsprechend länger werden die Wörter.

Das Prinzip ist immer das gleiche. Bei Zahlen mit fünf und mehr Stellen gibt es also grundsätzlich keine Unterschiede. Drei-, vier- und fünfstellige sollten nachfolgend (Tab. 24) geübt werden.

Was ist Berlin? ➪ 6 5 5 2 .

Achtung! Sch gilt nie als s und ch, auch nie als s, c und h.

Tabelle 24: Übungen nach dem Ziffern-Buchstaben-System, innerhalb zwei Minuten Wörter in Zahlen verwandeln.

Wort	Zahl	Wort	Zahl	Wort	Zahl
Kramer	➪	Lumpen	➪	Schluck	➪
Klingel	➪	Agaven	➪	Kondom	➪
Diadem	➪	Serben	➪	Krokodil	➪
schallen	➪	Trense	➪	Kanada	➪
niedrig	➪	Spucker	➪	Tarantel	➪
Schlampe	➪	Kantate	➪	Fahnen	➪
Im Bast	➪	Kamerad	➪	Waffen	➪
Meerfrau	➪	Zampano	➪	monogam	➪
Hand	➪	Banausen	➪	garstig	➪
geizig	➪	sonnig	➪	karamba	➪
fort	➪				

Die Lösungen stehen am Schluß dieser Übungseinheit.

Es folgt eine manchmal kaum lösbare Übung. Der Zweck, sie dennoch durchzuführen, liegt darin, daß Sie Erfahrungen mit den Grenzen ihrer Anwendung gewinnen. Zum einen findet man manchmal fast nichts. Zum anderen merkt man, daß es in diesen Fällen sehr lange dauert und anstrengt. Aber keine Angst! Es wird danach wieder viel leichter.

Versuchen Sie nun, in jeder Zeile der Tabelle 25 hinter drei oder vier Ziffern ein Wort zu schreiben. Es soll nur aus den zugeordneten Buchstaben und Vokalen bestehen. Es kann, wenn Ihnen nichts Konventionelles einfällt, auch ein Phantasiewort oder eine Wortbeugung sein. Beispiel:

4 8 9 0 ⇨ *Faschings.*
Bilden Sie selbst Wörter. Sie müssen sie sich nur merken können.

Tabelle 25: Übungen nach dem Ziffern-Buchstaben-System, innerhalb zwei Minuten Wörter in Zahlen verwandeln

Zahl		Wort	Zahl		Wort
9637	⇨	______	5439	⇨	______
742	⇨	______	0282	⇨	______
9595	⇨	______	7501	⇨	______
487	⇨	______	7385	⇨	______
6172	⇨	______	390	⇨	______
2092	⇨	______	4715	⇨	______
702	⇨	______	955	⇨	______
1112	⇨	______	7048	⇨	______
6435	⇨	______	392	⇨	______

Loci-System: Sie haben bereits bei Ihrem Loci-System mit 19 Städten geübt. Stellen Sie sich Ihr Loci-System im Kopf noch einmal vor. Gehen Sie erst die Nord-Süd-Städteroute von 1 bis 14 durch und dann die Südroute von 15 bis 19, also von West nach Ost.

Tun Sie dies noch einmal.

Noch einmal.

Bleiben Sie irgendwo hängen? Dann beginnen Sie etwa drei Positionen vorher und gehen Sie ab da die nächsten sechs, sieben Stellen durch, mehrfach.

Jetzt decken Sie die folgenden Zahlen ab und geben sie nacheinander frei, von links nach rechts. Stellen Sie sich rasch die Städte bzw. ihr typisches Merkmal dabei vor. Fangen Sie an!

1 4 6 1 7 12 10 13 14 15 16 17 11 19

Lösungen zum Ziffern-Buchstaben-System (Tab. 24):

Wort	Zahl	Wort	Zahl	Wort	Zahl
Kramer	➪ 7535	Lumpen	➪ 5362	Schluck	➪ 857
Klingel	➪ 7595	Agaven	➪ 942	Kondom	➪ 7213
Diadem	➪ 113	Serben	➪ 0562	Krokodil	➪ 75715
schallen	➪ 8552	Trense	➪ 1520	Kanada	➪ 721
niedrig	➪ 2159	Spucker	➪ 0675	Tarantel	➪ 15215
Schlampe	➪ 8536	Kantate	➪ 7211	Fahnen	➪ 4822
Im Bast	➪ 3601	Kamerad	➪ 7351	Waffen	➪ 3442
Meerfrau	➪ 3545	Zampano	➪ 0362	monogam	➪ 3293
Hand	➪ 821	Banausen	➪ 6202	garstig	➪ 95019
geizig	➪ 909	sonnig	➪ 0229	karamba	➪ 7536
fort	➪ 451				

6. Übungseinheit ______________________

Tag, Monat, Jahr

Übungen im Zahlen-Bilder-System: Tragen Sie in Tabelle 26 so rasch wie möglich hinter den Zahlen ein, welche Wörter und Bilder Ihnen einfallen. Machen Sie es ruhig durcheinander. Es soll vor allem schnell gehen.

Tabelle 26: Zahlen-Bilder-System zum Üben

Zahl	Bild	Wort	Zahl	Bild	Wort
1	______	______	7	______	______
5	______	______	8	______	______
4	______	______	6	______	______
12	______	______	11	______	______
7	______	______	2	______	______
5	______	______	4	______	______
11	______	______	9	______	______
8	______	______	10	______	______
6	______	______	3	______	______
12	______	______	2	______	______
7	______	______	5	______	______
10	______	______	7	______	______
1	______	______	9	______	______
11	______	______	6	______	______
2	______	______	8	______	______

Nachfolgend sollen Sie wieder möglichst schnell die Zahlen hinter die Bezeichnungen der Bilder schreiben.

Tabelle 27: Zahlen-Bilder-System zum Üben

Wort	Zahl	Wort	Zahl	Wort	Zahl
Uhr ⇨		Kaktus ⇨		Leuchttürme ⇨	
Pfeife ⇨		Fahne ⇨		Sanduhr ⇨	
Trommler ⇨		Sanduhr ⇨		Stuhl ⇨	
Leuchttürme ⇨		Uhr ⇨		Kerze ⇨	
Stuhl ⇨		Elefant ⇨		Fahne ⇨	
Kerze ⇨		Stuhl ⇨		Uhr ⇨	
Pfeife ⇨		Kaktus ⇨		Pfeife ⇨	
Sanduhr ⇨		Leuchttürme ⇨		Stuhl ⇨	
Trommler ⇨		Elefant ⇨		Kaktus ⇨	
Hand ⇨		Uhr ⇨		Fahne ⇨	
Kerze ⇨		Hand ⇨		Leuchttürme ⇨	
Sanduhr ⇨		Kaktus ⇨		Pfeife ⇨	
Kerze ⇨		Leuchttürme ⇨		Elefant ⇨	
Stuhl ⇨		Trommler ⇨		Pfeife ⇨	
Hand ⇨		Sanduhr ⇨		Stuhl ⇨	

Loci-System: Ihr Loci-System umfaßt 19 Städte. Stellen Sie es sich im Kopf vor.

Sie werden feststellen, daß Sie niemals gleichzeitig alles in Ihr Bewußtsein bekommen. Meist gelangt nur eine Stelle ins volle Bewußtsein, und ein bis drei Inhalte befinden sich am Rande der Aufmerksamkeit; es sind die Nachbarstellen in Ihrem Loci-System. Der Rest ist Ihnen gar nicht gewahr. Um an ihn heranzugelangen, dauert es deutlich länger.

Probieren Sie dies am folgenden Beispiel gleich selbst aus: Rufen Sie die Stelle (= Locus) 4 in Ihr Bewußtsein (= Ihr Kurzspeicher). Nun ist es für Sie leicht und geht schnell, von dieser Stelle 4 rückwärts zur 3 oder vorwärts zur Stelle 5, vielleicht noch zur 6 zu gelangen. Probieren Sie es.

Jetzt holen Sie sich die Stelle 12 aus dem Gedächtnis in Ihr Bewußtsein. Bis zur 12 müssen Sie richtig springen. Dies dauert meist deutlich länger. Von hier aus geht es rasch zur 13. Aber die 4 von vorhin war zwischenzeitlich aus dem Bewußtsein verschwunden.

Um immer vertrauter mit dem Loci-System zu werden, soll darin weiter geübt werden. Durch die Übung werden Sie bei allen Vorgängen schneller, bei den Übergängen zu den Nachbarstellen, aber auch bei den Sprüngen zu weiter entfernten Positionen. Zudem unterlaufen Ihnen immer weniger Fehler.

Jetzt decken Sie die folgenden Zahlen ab und geben sie immer in einer Zeile von links nach rechts nacheinander frei. Aber erst, wenn Sie zur gerade freigegebenen Zahl die entsprechende Stelle in Ihrem Loci-Schema gefunden haben. Fangen Sie an!

Tabelle 28: Übungen im Loci-System; von links nach rechts soll man sich die Städte dazu vorstellen.

1	2	3
4	5	6
7	8	9
8	10	9
10	11	10
12	13	14
15	14	15
16	17	18
17	18	19
1	3	10
4	2	3
16	6	9
8	7	10
13	4	1
6	7	8
7	10	12
15	16	17
18	19	13
15	14	16
13	12	13
10	5	8

Übungen im Zahlen-Bilder-System: Rechnen: Mit dem Zahlen-Bilder-System hatten Sie sich in dieser Übungseinheit schon befaßt. Sie beherrschen es nun. Da man täglich jedoch unmerklich etwas langsamer und ungenauer im Gebrauch wird, wenn man nicht damit umgeht, sollten Sie sich ihm in der nächsten Zeit hin und wieder mal aus der Erinnerung zuwenden und sich ganz schnell einige Aufgaben stellen wie:

„Was ist 2 ?"

Dann müßten Sie gleich danach wissen „Schwan". Es ist nicht immer nötig, daß man ihn auch gleich sieht. Wenn er sich vor Ihnen in voller Pracht entfaltet, kostet dies sogar viel Zeit. Hin und wieder sollten Sie sich jedoch diesen Genuß gönnen. Aber keinesfalls jedesmal. Vergleichen Sie: Auch wenn Sie mit jemand sprechen, vor allem schnell sprechen, läuft dies eher wie ein Plappern ab. Es ist gar nicht so bewußt. Sobald Sie etwas sehr bewußt tun, werden Sie langsamer. – Also: „Was ist 4?", „Stuhl". Lassen Sie dies nur anklingen.
Die hohe Geschwindigkeit wird Grundlage für eine Fähigkeit, die für viele Außenstehende oft überraschend ist:

Sie lernen, mit den Bildern zu rechnen. Als Ergebnis kommt wieder ein Bild bzw. seine Bezeichnung.

	Was ist	Rechnung	Begriff
Beispiel:	Kerze plus Stuhl	1 + 4 = 5	Hand
	Kerze = 1		
	Stuhl = 4		
	Kaktus minus Schwan	3 – 2 = 1	Kerze

Nun schreiben Sie rasch die Ergebnisse hinter die folgenden Aufgaben.

Tabelle 29: Rechnen mit dem Zahlen-Bilder-System

Beispiel:

	Pfeife	plus	Kerze	= Trommler
Nr.	**Wort**	**Operation**	**Wort**	**= Ergebnis**
01)	Schwan	plus	Sanduhr	= ________
02)	Uhr	minus	Kaktus	= ________
03)	Leuchttürme	minus	Trommler	= ________
04)	Sanduhr	minus	Stuhl	= ________
05)	Leuchttürme	plus	Kerze	= ________
06)	Uhr	minus	Kerze	= ________
07)	Stuhl	plus	Elefant	= ________
08)	Fahne	minus	Kerze	= ________
09)	Stuhl	minus	Kaktus	= ________
10)	Uhr	minus	Pfeife	= ________
11)	Kaktus	plus	Pfeife	= ________
12)	Sanduhr	minus	Kerze	= ________
13)	Leuchttürme	minus	Stuhl	= ________
14)	Trommler	minus	Elefant	= ________
15)	Kaktus	plus	Hand	= ________
16)	Uhr	minus	Fahne	= ________
17)	Kerze	**mal**	Hand	= ________
18)	Leuchttürme	minus	Sanduhr	= ________
09)	Kaktus	plus	Pfeife	= ________
20)	Kerze	plus	Leuchttürme	= ________

21)	Elefant	minus	Stuhl	=	________________
22)	Trommler	minus	Pfeife	=	________________
23)	Hand	**mal**	Schwan	=	________________
24)	Sanduhr	**geteilt durch**	Stuhl	=	________________
25)	Schwan	**mal**	Kaktus	=	________________

Die Lösungen finden Sie am Ende dieser Übungseinheit.

Loci-System: Stellen Sie sich Ihr Loci-System wieder im Kopf vor. Gehen Sie es durch von 1 bis 19, also von W.... bis M..... Welche Städte kommen der Reihe nach? Der gleiche Vorgang noch einmal.
Und noch einmal.
Gehen Sie nun alle Städte von 19 bis 1 rückwärts durch, nur aus dem Kopf.

Falls das gelang, können Sie auch das nächste (Tab. 30): Decken Sie die folgenden Zahlen ab und geben sie immer in einer Zeile von links nach rechts nacheinander frei. Aber erst, wenn Sie zur gerade freigegebenen Zahl die entsprechende Stelle in Ihrem Loci-Schema gefunden haben. Fangen Sie an!

Tabelle 30: Übungen im Loci-System; von links nach rechts soll man sich die Städte dazu vorstellen.

19	18	3
4	12	3
16	16	19
8	7	10
13	4	1
6	17	8
7	10	12
15	13	14
13	12	13
10	15	8
6	4	6
7	9	8
9	11	9
13	15	16
1	2	3
4	5	6
7	8	9
8	10	9
10	11	10
12	13	14
15	14	18
17	19	16

Falls Sie es bis hierhin geschafft haben, werden viele Ihre Leistung bereits als „phänomenal“ ansehen. Sie selbst werden aber feststellen, daß Ihnen später vieles von dem noch leichter fällt, was Ihnen jetzt noch als schwer erscheint.

Lösungen zum Zahlen-Bilder-System (Tab. 29):

Nr.	Ergebnis
01)	Trommler
02)	Pfeife
03)	Kerze
04)	Stuhl
05)	Uhr
06)	Leuchttürme
07)	Trommler
08)	Elefant
09)	Kerze
10)	Kaktus
11)	Uhr
12)	Fahne
13)	Fahne

Nr.	Ergebnis
14)	Stuhl
15)	Sanduhr
16)	Hand
17)	Hand
18)	Kaktus
19)	Uhr
20)	Uhr
21)	Schwan
22)	Kerze
23)	Trommler
24)	Schwan
25)	Elefant

Falls Sie mehr als 5 Fehler hatten, prüfen Sie,

- ob Sie zu schnell die Ergebnisse hinschreiben – in diesem Fall etwas langsamer vorgehen
- ob Sie einige Zuordnungen von Zahlen zu Bildern noch nicht sicher genug beherrschen – in diesem Fall:

  1) prüfen, welche Zuordnungen nicht sicher sind,

  2) diese anhand der Abbildungen 1 und 3 trainieren.

7. Übungseinheit ______________________

Tag, Monat, Jahr

Übungen im Zahlen-Bilder-System: Rechnen: Anhand der Tabelle 31 soll das Rechnen mit Bildern weiter geübt werden, damit Sie noch schneller und sicherer darin werden. Schreiben Sie rasch die Ergebnisse hinter die Aufgaben.

Tabelle 31: Rechnen mit dem Zahlen-Bilder-System

Beispiel:

Schwan	mal	Kaktus	= Elefant

Tragen Sie es nun selbst ein:

Nr.	Wort	Operation	Wort	= Ergebnis
01)	Schwan	plus	Elefant	= ______
02)	Uhr	geteilt durch	Kaktus	= ______
03)	Leuchttürme	plus	Kerze	= ______
04)	Elefant	minus	Stuhl	= ______
05)	Leuchttürme	minus	Kerze	= ______
06)	Uhr	geteilt durch	Schwan	= ______
07)	Elefant	plus	Elefant	= ______
08)	Fahne	minus	Schwan	= ______
09)	Trommler	minus	Kaktus	= ______
10)	Schwan	mal	Kaktus	= ______
11)	Pfeife	minus	Fahne	= ______
12)	Sanduhr	durch	Kerze	= ______
13)	Leuchttürme	minus	Trommler	= ______

14)	Trommler	geteilt durch	Hand	=	______
15)	Kaktus	mal	Stuhl	=	______
16)	Uhr	geteilt durch	Kaktus	=	______
17)	Kerze	geteilt durch	Kerze	=	______
18)	Leuchttürme	minus	Hand	=	______
19)	Schwan	plus	Pfeife	=	______
20)	Kerze	mal	Leuchttürme	=	______
21)	Elefant	geteilt durch	Schwan	=	______
22)	Trommler	minus	Stuhl	=	______
23)	Stuhl	mal	Schwan	=	______
24)	Sanduhr	geteilt durch	Schwan	=	______
25)	Schwan	mal	Hand	=	______

Die Lösungen finden Sie am Ende dieser Übungseinheit.

Loci-System: Aufwärmen und Aufnahme neuer Daten: Anfänglich kommt eine Aufwärmphase. Gehen Sie Ihr Loci-System für die Nord-Süd-Städteroute im Kopf durch. Schritt für Schritt. Erst 1, dann 2, dann 3 usw. bis 14.

Jetzt versuchen Sie es noch einmal, vielleicht sogar ein bißchen schneller.

Sie sind nun soweit, neue Daten der Reihe nach, wie sie kommen, im Kopf an die Stellen in Ihrem Loci-System zu heften.

Decken Sie die untereinanderstehenden Wörter der Tabelle 32 mit der Hand oder einem Blatt Papier ab.

Geben Sie das oberste Wort frei, stellen Sie sich etwas darunter vor und verbinden Sie diese Vorstellung mit der ersten Stelle in Ihrem Loci-Schema. Dies geschieht alles im Kurzspeicher.

Sobald Sie das Gefühl haben, daß das erste Wort an diese erste Stelle „geheftet“ wurde, decken Sie es ab und geben Sie das zweite frei. Dies kommt an die Stelle 2 im Loci-Schema.

So geht es weiter bis zum achten Wort.

Fangen Sie an!

Tabelle 32: Sich neue Daten mit Hilfe des Loci-Systems einprägen

1. DOSE
2. SCHIFF
3. HAUBE
4. TELEFON
5. MOTORRAD
6. STUNDE
7. BUCHE
8. ZWERG

Decken Sie jetzt alle der obigen Wörter ab und gehen Sie noch einmal Ihr Loci-Schema von den Stellen 1 bis 8 durch.

Tabelle 33: Übungen zum Loci-System

Schreiben Sie die eingeprägten Ausdrücke hinter die folgenden Zahlen:

1 ________________	2 ________________	3 ________________
4 ________________	5 ________________	6 ________________
7 ________________	8 ________________	

Schauen Sie nun vom Papier weg und versuchen Sie, die Loci-Stellen von 8 rückwärts bis zur 1 zu gehen und sagen Sie sich dabei immer die frisch eingeprägten Wörter vor. Los!
Anschließend wenden Sie sich der Tabelle 34 zu.

Tabelle 34: Übungen zum Loci-System

Schreiben Sie nun so schnell wie möglich von links nach rechts die Wörter hinter die nachfolgend angegebenen Stellen:

5 ______________	2 ______________	8 ______________
3 ______________	1 ______________	6 ______________
4 ______________	7 ______________	

Prüfen Sie bei dem Niedergeschriebenen, ob es richtig ist.

Nur zum Vergleich: Die meisten Menschen können bei kurzen Einprägezeiten nicht mehr als vier bis sechs Wörter über einige Minuten so festhalten, daß sie hinterher zusätzlich die richtige Reihenfolge wissen, auch wenn sie durcheinander gefragt werden.

Das Ziffern-Buchstaben-System für zweistellige Zahlen:
Obwohl Sie zwischenzeitlich mit der Anwendung des Ziffern-Buchstaben-Systems auf drei- und mehrstellige Zahlen vertraut gemacht wurden, wenden wir uns wieder den zweistelligen Zahlen und zugehörigen Wörtern zu.

Man benötigt die zweistelligen Zahlen bei Haus- und Schuhnummern, bei Geschichtsdaten, Teilen von Autokennzeichen und dem Lebensalter. Außerdem kann man drei- und mehrstellige Zahlen wenigstens teilweise aus zweistelligen zusammensetzen.

Die Wörter für zwei Ziffern sollen daher gesondert eingeübt werden, damit ihre Verwendung nahezu automatisch, also ohne großen Einsatz des Bewußtseins abläuft. Denn automatisierte Tätigkeiten kosten weniger Zeit. Dies ist wie beim Autofahren: Der Anfänger muß viel bewußt machen, kuppeln, schalten, lenken, Gas geben. Da er alles sehr bewußt tut, kostet es Zeit, Energie, und trotzdem unterlaufen ihm viele Fehler. Beim erfahrenen Autofahrer laufen diese Vorgänge nahezu automatisch ab, d.h. ohne große Bewußtseinsbeteiligung. Alles geht rasch, ohne großen Energieaufwand, und dennoch passieren ihm kaum Fehler. Überdies ist der erfahrene Autofahrer oft noch frei, sich mit jemand zu unterhalten. – Ähnlich geht es einem, wenn man die Basis des Umganges mit zweistelligen Zahlen beim Ziffern-Buchstaben-System fließend beherrscht.

Um die Zuordnungen häufiger Kombinationen von zwei Ziffern entsprechend zu automatisieren, versuchen Sie, in jeder der unten folgenden Zeilen hinter die beiden Ziffern ein Wort nach den Regeln des Ziffern-Buchstaben-Systems zu schreiben. Bemühen Sie sich dabei absichtlich nicht darum, originell zu sein. Denn Originalität kostet Zeit. Aber meist muß es bei der Anwendung des Ziffern-Buchstaben-Systems schnell gehen.

Wenn Ihnen nicht innerhalb von drei bis fünf Sekunden etwas einfällt, gehen Sie zur nächsten Zahl über. Fällt Ihnen dann zu einer vorderen Zahl nachträglich ein Wort ein, springen Sie zurück und setzen dieses ein. Andernfalls lassen Sie die Stellen frei, bei denen Sie nicht sofort ein Wort finden.

Bearbeiten Sie bei Tabelle 35 zuerst die obere Zeile von links nach rechts, dann die nächste Zeile usw.

Tabelle 35: So rasch wie möglich ein Wort nach dem Ziffern-Buchstaben-System dahinterschreiben.

Zahl	Wort	Zahl	Wort	Zahl	Wort	Zahl	Wort
19 ⇨	______	29 ⇨	______	39 ⇨	______	49 ⇨	______
14 ⇨	______	24 ⇨	______	54 ⇨	______	74 ⇨	______
37 ⇨	______	68 ⇨	______	43 ⇨	______	27 ⇨	______
59 ⇨	______	72 ⇨	______	05 ⇨	______	53 ⇨	______
31 ⇨	______	40 ⇨	______	72 ⇨	______	25 ⇨	______
41 ⇨	______	80 ⇨	______	36 ⇨	______	84 ⇨	______
28 ⇨	______	93 ⇨	______	75 ⇨	______	45 ⇨	______
59 ⇨	______	52 ⇨	______	90 ⇨	______	31 ⇨	______
01 ⇨	______	34 ⇨	______	64 ⇨	______	90 ⇨	______
34 ⇨	______	42 ⇨	______	17 ⇨	______	43 ⇨	______
36 ⇨	______	78 ⇨	______	20 ⇨	______	73 ⇨	______
61 ⇨	______	39 ⇨	______	51 ⇨	______	62 ⇨	______
47 ⇨	______	21 ⇨	______	95 ⇨	______	83 ⇨	______
32 ⇨	______	26 ⇨	______	57 ⇨	______	69 ⇨	______
42 ⇨	______	52 ⇨	______	62 ⇨	______	72 ⇨	______
13 ⇨	______	23 ⇨	______	43 ⇨	______	53 ⇨	______

Falls einem für lange Zahlen nicht schnell günstige Wörter einfallen, ist es hilfreich, Teile der Zahl durch Wörter zu ersetzen, die man schnell zur Verfügung hat. Die Basis sind natürlich Wörter für zwei Ziffern. Wenn man zwei davon aneinanderhängt, decken sie schon vier Ziffern ab usw. Wenn man zweistellige Wörter „gut drin hat", läuft die Anwendung fast automatisch.

Übungen im Zahlen-Bilder-System: Rechnen: Jetzt hatten Sie zwischendrin mal ganz andere Übungen durchgeführt und dürften nun wieder frei sein, sich noch einmal dem Zahlen-Bilder-System zuzuwenden. Das Rechnen wird in Tabelle 36 auf mehrere Rechengänge ausgedehnt, z.B. auf zwei oder drei Operationen. Auch wenn eine Zwischenrechnung mal über die Zahl 12 hinausgeht, wird das Ergebnis immer innerhalb der Grenzen bis 12 bleiben. Deshalb kann es stets durch eines der bekannten Bilder dargestellt werden.

Tabelle 36: Rechnen mit dem Zahlen-Bilder-System

Beispiel:

Schwan	mal	Kaktus	plus	Stuhl	=	Trommler

Tragen Sie es nun selbst ein:

Nr.	Wort	Operation	Wort	Operation	Wort	=	Ergebnis
01)	Schwan	plus	Elefant	geteilt	Stuhl	=	______
02)	Uhr	geteilt durch	Kaktus	mal	Kaktus	=	______
03)	Leuchttürme	plus	Kerze	geteilt durch	Kaktus	=	______
04)	Elefant	minus	Stuhl	plus	Kerze	=	______
05)	Leuchttürme	minus	Kerze	geteilt durch	Schwan	=	______
06)	Uhr	geteilt durch	Schwan	plus	Hand	=	______
07)	Elefant	plus	Elefant	geteilt durch	Kaktus	=	______
08)	Fahne	minus	Schwan	minus	Stuhl	=	______
09)	Trommler	minus	Kaktus	plus	Hand	=	______
10)	Schwan	mal	Kaktus	plus	Kaktus	=	______
11)	Pfeife	minus	Fahne	geteilt durch	Schwan	=	______

Nr.	Wort	Operation	Wort	Operation	Wort	= Ergebnis
12)	Sanduhr	geteilt durch	Kerze	plus	Schwan	= ______
13)	Leuchttürme	minus	Trommler	mal	Stuhl	= ______
14)	Trommler	geteilt durch	Hand	plus	Fahne	= ______
15)	Kaktus	mal	Stuhl	geteilt durch	Elefant	= ______
16)	Uhr	geteilt durch	Kaktus	plus	Stuhl	= ______
17)	Kerze	geteilt durch	Kerze	mal	Hand	= ______
18)	Leuchttürme	minus	Hand	geteilt durch	Kaktus	= ______
19)	Schwan	plus	Pfeife	minus	Fahne	= ______
20)	Kerze	mal	Leuchttürme	minus	Stuhl	= ______
21)	Elefant	durch	Schwan	mal	Kaktus	= ______
22)	Trommler	minus	Stuhl	mal	Schwan	= ______
23)	Stuhl	mal	Schwan	plus	Kaktus	= ______
24)	Sanduhr	geteilt durch	Schwan plus	Stuhl plus	Kaktus	= ______
25)	Schwan	mal	Hand minus	Fahne mal	Stuhl	= ______

Die Lösungen finden Sie am Ende dieser Übungseinheit.

Loci-System: Aufwärmen und Aufnahme neuer Daten: Stellen Sie sich noch einmal auf das Loci-System ein. Anfänglich brauchen Sie wieder eine Aufwärmphase. Dabei gehen Sie Ihr Loci-System im Kopf durch, ohne die neu aufgenommenen Daten vom letzten Mal. Sollten Sie Schwierigkeiten haben, diese wegzulassen, schauen Sie noch einmal in den Abbildungen nach. Dann lassen Sie sich alles in der „Urform" wieder durch den Kopf gehen: Schritt für Schritt. Erst 1, danach 2, dann 3 usw. bis 14.

Jetzt versuchen Sie es noch einmal, vielleicht sogar ein bißchen schneller.

Sie sind nun wieder soweit, neue Informationen im Kopf an die Stellen in Ihrem Loci-System zu heften.

Decken Sie die in Tabelle 37 untereinanderstehenden Wörter mit der Hand oder einem Blatt Papier ab.

Geben Sie das oberste Wort frei, stellen Sie sich etwas darunter vor und verbinden Sie diese Vorstellung mit der ersten Stelle in Ihrem Loci-Schema. Dies geschieht alles im Kopf.

Sobald Sie das Gefühl haben, daß das erste Wort an diese erste Stelle „geheftet" wurde, decken Sie es ab und geben Sie das zweite frei. Dies kommt an die Stelle 2 im Loci-Schema.

So geht es weiter bis zum neunten Wort.

Fangen Sie an!

Tabelle 37: Sich neue Daten mit Hilfe des Loci-Systems einprägen

1. KATZE
2. ZIEGE
3. PAPST
4. TURM
5. ZEUGE
6. SCHUH
7. FLUNDER
8. GEMSE
9. MUT

Decken Sie jetzt alle der obigen Wörter ab und gehen Sie noch einmal Ihr Loci-Schema von den Stellen 1 bis 9 durch.

Tabelle 38: Übungen zum Loci-System

Schreiben Sie die eingeprägten Ausdrücke hinter die folgenden Zahlen:

Zahl	Wort	Zahl	Wort	Zahl	Wort
1	____________	2	____________	3	____________
4	____________	5	____________	6	____________
7	____________	8	____________	9	____________

Schauen Sie nun vom Papier weg und versuchen Sie, die Loci-Stellen von 9 rückwärts bis zur 1 zu gehen und sagen Sie sich dabei immer die frisch eingeprägten Wörter vor. Los!

Tabelle 39: Übungen zum Loci-System

Schreiben Sie die eingeprägten Ausdrücke hinter die folgenden Zahlen:

Zahl	Wort	Zahl	Wort	Zahl	Wort
4	______	2	______	8	______
5	______	1	______	6	______
9	______	7	______	3	______

Prüfen Sie bei dem Niedergeschriebenen, ob es richtig ist.

Lösungen zum Zahlen-Bilder-System (Tab. 31):

Nr.	Ergebnis	Nr.	Ergebnis
01)	Sanduhr	14)	Schwan
02)	Stuhl	15)	Uhr
03)	Uhr	16)	Stuhl
04)	Schwan	17)	Kerze
05)	Trommler	18)	Elefant
06)	Elefant	19)	Leuchttürme
07)	Uhr	20)	Leuchttürme
08)	Hand	21)	Kaktus
09)	Fahne	22)	Elefant
10)	Elefant	23)	Sanduhr
11)	Schwan	24)	Stuhl
12)	Sanduhr	25)	Trommler
13)	Kerze		

Falls Sie mehr als 5 Fehler hatten, prüfen Sie,

- ○ ob Sie zu schnell die Ergebnisse hinschreiben – in diesem Fall etwas langsamer vorgehen
- ○ ob Sie einige Zuordnungen von Zahlen zu Bildern noch nicht sicher genug beherrschen – in diesem Fall:
  1) prüfen, welche Zuordnungen nicht sicher sind,
  2) diese anhand der Abbildungen 1 und 3 trainieren.

Lösungen zum Zahlen-Bilder-System (Tab. 36):

Nr.	Ergebnis	Nr.	Ergebnis
01)	Schwan	14)	Pfeife
02)	Uhr	15)	Schwan
03)	Stuhl	16)	Sanduhr
04)	Kaktus	17)	Hand
05)	Hand	18)	Schwan
06)	Leuchttürme	19)	Stuhl
07)	Stuhl	20)	Fahne
08)	Kerze	21)	Pfeife
09)	Uhr	22)	Uhr
10)	Pfeife	23)	Leuchttürme
11)	Kerze	24)	Leuchttürme
12)	Trommler	25)	Uhr
13)	Stuhl		

Einmal innehalten und prüfen: Was wurde gelernt?

Sie hatten bis hierher viele Übungsmöglichkeiten. Nun wollen Sie wissen, ob Sie dazugelernt haben? Auf jeden Fall.

Erinnern Sie sich? Als Sie begannen, wußten Sie wahrscheinlich nicht einmal, was Gedächtnis-Hilfssysteme sind. Sie kannten weder das Ziffern-Buchstaben-System noch das Zahlen-Bilder-System noch die Loci-Methode. Nun beherrschen Sie diese ähnlich wie das Alphabet a, b, c, d, e, f, ... Oder nicht?

Eine kurze Pause zum Prüfen, ob Sie die Hilfssysteme schon hinreichend meistern, und zum Nachdenken, ob Sie alles optimal tun. Noch können Sie verhindern, daß sich systematische Fehler einschleichen.

Aber wie sieht es mit den einzelnen Hilfssystemen aus? Vielleicht gibt es bei dem einen oder anderen noch Schwächen. Dann sollten Sie, bevor Sie sich den letzten fünf Übungseinheiten zuwenden, erst einmal die Schwächen beheben.

Damit Ihnen der Überblick leichter fällt, führen wir die Hilfssysteme einzeln im Überblick an. Überlegen Sie bei jedem, wie gut Sie dieses beherrschen und setzen Sie dahinter entsprechend Ihr Kreuz.

Check-Liste über den Übungsstand:
„Wie beherrsche ich die Hilfssysteme?"
Welche Erfahrungen haben Sie bei den letzten Übungen gemacht?

	Die geforderten Hilfssysteme bewältige ich			
Hilfssystem	überhaupt nicht	ungenügend	einigermaßen	zufrieden-stellend bzw. fehlerlos
Zahlen-Bilder-System				
Ziffern-Buchstaben-System				
Loci-System				

Falls Sie ein Hilfssystem nicht zufriedenstellend beherrschen:

IN DIESEM FALL ENTSPRECHENDE ÜBUNGEN IN DEN ÜBUNGSEINHEITEN 1 BIS 7 WIEDERHOLEN.

Fangen Sie ruhig noch mal bei diesem Hilfssystem vorne an, auch wenn Ihnen der Anfang jetzt kinderleicht erscheint. Dafür geht es dann ganz schnell voran.

Übungseinheiten 8 bis 12

Sie haben sicherlich im großen und ganzen bis hierher schon viel gelernt. In den folgenden Übungseinheiten schließt sich die immer schnellere Anwendung an. Sie sollten sich jetzt aber zunehmend auch Gedanken machen, in welchen Situationen man diese Hilfssysteme am besten einsetzt. Eignet sich überhaupt eines davon in einer bestimmten Situation? Und wenn, welches? Was nehme ich für die Waren, die ich heute einkaufen will? Welches Hilfssystem wende ich an, um damit meinen morgigen oder heutigen Tag zu organisieren, damit ich wirklich nichts vergesse:

1. Brief einwerfen
2. Auto zum Reparieren fahren
3. mich um 10.00 Uhr mit Frau Müller treffen
4. Glühbirnen einkaufen

   usw.

Schauen Sie vielleicht noch einmal auf Seite 25 „Hilfssysteme kombinieren“ nach oder blättern Sie mal vor auf Kapitel „4. Kompetenz für Hilfssysteme“. Dort wird die Eignung der Hilfssysteme für bestimmte Situationen erörtert.

Nach der Entscheidung für ein Hilfssystem müssen Sie es dann sofort anwenden, ruhig und konzentriert, ohne Vollkommenheitsanspruch, ohne Panik, ohne durchzudrehen, wenn mal was schiefgeht. Immer daran denken: Wir sind alle nur Menschen und keine Maschinen.

8. Übungseinheit ______________________

Tag, Monat, Jahr

Übungen im Zahlen-Bilder-System: neue Daten: Wir verbinden neue Daten mit den Symbolen des Zahlen-Bilder-Systems. Schauen Sie die folgenden Wörter, die für Bilder stehen, der Reihe nach durch. Stellen Sie sich das Bild des ersten Wortes vor und verbinden Sie es mit „1 Kerze". Dafür haben Sie etwa fünf bis zehn Sekunden Zeit. Dann folgt das nächste Wort. Verbinden Sie dessen Bild, das Sie sich ja vorstellen, mit „2 Schwan" usw.

Tabelle 40: Sich neue Daten mit Hilfe des Zahlen-Bilder-Systems einprägen

1. HANDSCHUHE
2. TENNISSPIELER
3. GANS
4. TULPE
5. KACHEL
6. KREBS
7. TINTE
8. KARTOFFEL
9. KANNE
10. VOGEL
11. MÜNZE
12. BALL

Man soll danach möglichst schnell wiederholen können, daß 1 Handschuhe sind, 2 = Tennisspieler usw. Tun Sie dies im Kopf von 1 bis 12.

Und nun durcheinander: Was ist

3 6 9 1 2 4 5 7 8 10 11 12 ?

Zum Trost, falls es zuviel auf einmal war: Es wird wieder leichter.

Loci-System: Aufwärmen und Aufnahme neuer Daten:
Wir kümmern uns nur um die Nord-Süd-Städteroute. Anfänglich brauchen Sie wie jedesmal bei der Anwendung des Loci-Systems eine Aufwärmphase. Dabei gehen Sie Ihr Loci-System von 1 bis 14 im Kopf noch einmal durch, ohne die neu aufgenommenen Informationen der letzten Male. Sollten Sie Schwierigkeiten haben, diese wegzulassen, schauen Sie noch einmal auf die Abbildung 2. Dann lassen Sie sich alles in der „Urform“ wieder durch den Kopf gehen: Schritt für Schritt. Erst 1, danach 2, dann 3 usw. bis 14.

Jetzt versuchen Sie es noch einmal.

Sie sind nun wieder soweit, neue Informationen im Kopf an die Stellen in Ihrem Loci-System zu heften.

Decken Sie die in Tabelle 41 untereinanderstehenden Wörter mit der Hand oder einem Blatt Papier ab. Der Vorgang ist der gleiche wie bei den letzten beiden Malen.

Diesmal geht es allerdings um zehn Wörter. Fangen Sie an!

Tabelle 41: Sich neue Daten mit Hilfe des Loci-Systems einprägen

1. MUS
2. TRÄNE
3. GARNELE
4. HAMMER
5. TRAUER
6. AMERIKA
7. RUBIN
8. TISCH
9. ZUNGE
10. LODENMANTEL

Decken Sie jetzt alle der obigen Wörter ab und gehen Sie noch einmal Ihr Loci-Schema von den Stellen 1 bis 10 durch.

Tabelle 42: Übungen zum Loci-System

Schreiben Sie die eingeprägten Ausdrücke hinter die folgenden Zahlen:

Zahl	Wort	Zahl	Wort	Zahl	Wort
1	____	2	____	3	____
4	____	5	____	6	____
7	____	8	____	9	____
10	____				

Schauen Sie nun vom Papier weg und versuchen Sie, die Loci-Stellen von 10 rückwärts bis zur 1 zu gehen und sagen Sie sich dabei immer die frisch eingeprägten Wörter vor. Los!

Gehen Sie alle von vorne durch, nehmen Sie aber nur die geraden Zahlen: 2, 4, 6 usw. bis 10.

Jetzt wählen Sie der Reihe nach die ungeraden Zahlen: 1, 3, 5 usw. bis 9.

Tabelle 43: Übungen zum Loci-System

Schreiben Sie nun so schnell wie möglich von links nach rechts die Wörter hinter die nachfolgend angegebenen Stellen:

Zahl	Wort	Zahl	Wort	Zahl	Wort
6	____	2	____	8	____
10	____	5	____	1	____
4	____	9	____	7	____
3	____				

Prüfen Sie bei dem Niedergeschriebenen, ob es richtig ist.

Falls Sie mehr als 2 Fehler hatten, prüfen Sie,

- ob Sie zu schnell die Ergebnisse hinschreiben – in diesem Fall etwas langsamer vorgehen
- ob Sie einige Zuordnungen von Zahlen zu Städten noch nicht sicher genug beherrschen – in diesem Fall:
  1) prüfen, welche Zuordnungen nicht sicher sind,
  2) diese anhand der Abbildung 2 auf Seite 38 gesondert trainieren.

Ziffern-Buchstaben-System: In Tabelle 44 geht es um Wörter verschiedener Länge. Schreiben Sie so rasch wie möglich die Zahlen dahinter.
Beispiel: Was ist *Packer*? ⇨ 6 7 5

Tabelle 44: Übungen nach dem Ziffern-Buchstaben-System, Wörter in Zahlen rückverwandeln.

Wort	Zahl	Wort	Zahl	Wort	Zahl
Taufe	⇨	Kral	⇨	murren	⇨
Zar	⇨	Murks	⇨	Rat	⇨
Woge	⇨	rosten	⇨	Rad	⇨
Ente	⇨	Gurt	⇨	Räder	⇨
Bahn	⇨	Kurt	⇨	ganz	⇨
Gans	⇨	Blattern	⇨	Durst	⇨
Pol	⇨				

Die Lösungen stehen am Schluß dieser Übungseinheit.

Versuchen Sie nun, in jeder Zeile hinter die Zahlen ein Wort zu schreiben. Es soll nur aus den zugeordneten Buchstaben und Vokalen bestehen. Beispiel: 6 8 9: z.B. b ..sch..g.. ⇨ *buschig*.

Bilden Sie selbst Wörter: Machen Sie es der Reihe nach. Wörter, die Sie früher schon bei gleichen Gelegenheiten hatten, sind günstiger als neue, weil es bei jenen weniger lang dauert.

Tabelle 45: So rasch wie möglich ein Wort nach dem Ziffern-Buchstaben-System dahinterschreiben.

Zahl	Wort	Zahl	Wort	Zahl	Wort
1637 ⇨		59 ⇨		241 ⇨	
382 ⇨		1592 ⇨		2701 ⇨	
48 ⇨		515 ⇨		6172 ⇨	
563 ⇨		209 ⇨		471 ⇨	
702 ⇨		195 ⇨		111 ⇨	
048 ⇨		6532 ⇨		9145 ⇨	

Loci-System: Aufwärmen und Aufnahme neuer Daten:
Jetzt müßten Sie wieder frisch sein, um sich noch einmal am Loci-System zu üben. Zuerst wieder die für die aktuelle neue Anwendung notwendige Aufwärmphase mit der Nord-Süd-Städteroute. Dabei gehen Sie Ihr Loci-System im Kopf noch einmal durch, ohne die neu aufgenommenen Daten der letzten Male. Sollten Sie Schwierigkeiten haben, diese wegzulassen, schauen Sie noch einmal in Abbildung 2 nach. Dann lassen Sie sich alles in der „Urform" wieder durch den Kopf gehen: Schritt für Schritt. Erst 1, dann 2, dann 3 usw. bis 14.

Jetzt versuchen Sie es noch einmal.

Sie sind nun wieder soweit, neue Daten im Kopf an die Stellen in Ihrem Loci-System zu heften.

Decken Sie die in Tabelle 46 untereinanderstehenden Wörter mit der Hand oder einem Blatt Papier ab. Lassen Sie sich pro Wort fünf bis zehn Sekunden Zeit. Der Vorgang ist der gleiche wie bei den letzten Malen.

Diesmal geht es allerdings um elf Wörter.

Fangen Sie an!

Tabelle 46: Sich neue Daten mit Hilfe des Loci-Systems einprägen

1. SCHWEIN
2. RATHAUS
3. ARMBRUST
4. REGEN
5. ADLER
6. EI
7. SAND
8. MUSIKBAND
9. TANNE
10. MOTORRAD
11. DACHZIEGEL

Decken Sie jetzt alle obigen Wörter ab und gehen Sie noch einmal Ihr Loci-Schema von den Stellen 1 bis 11 durch.

Tabelle 47: Übungen zum Loci-System

Schreiben Sie nun so schnell wie möglich von links nach rechts die Wörter hinter die nachfolgend angegebenen Stellen:

Zahl	Wort	Zahl	Wort	Zahl	Wort
1	______	2	______	3	______
4	______	5	______	6	______
7	______	8	______	9	______
10	______	11	______		

Schauen Sie nun vom Papier weg und versuchen Sie, die Loci-Stellen von 11 rückwärts bis zur 1 zu gehen und sagen Sie sich dabei immer die frisch eingeprägten Wörter vor. Los!

Gehen Sie alle von vorne durch, nehmen Sie aber nur die geraden Zahlen: 2, 4, 6 usw. bis 10.
Jetzt wählen Sie der Reihe nach die ungeraden Zahlen: 1, 3, 5 usw. bis 11.

Tabelle 48: Übungen zum Loci-System

Schreiben Sie nun so schnell wie möglich von links nach rechts die Wörter hinter die nachfolgend angegebenen Stellen:

Zahl	Wort	Zahl	Wort	Zahl	Wort
8	________	11	________	6	________
10	________	5	________	1	________
4	________	2	________	7	________
3	________	9	________		

Prüfen Sie bei dem Niedergeschriebenen, ob es richtig ist.

Lösungen zum Ziffern-Buchstaben-System (Tab. 44):

Wort	Zahl	Wort	Zahl	Wort	Zahl
Taufe	➪ 14	Kral	➪ 755	murren	➪ 3552
Zar	➪ 05	Murks	➪ 3570	Rat	➪ 51
Woge	➪ 39	rosten	➪ 5012	Rad	➪ 51
Ente	➪ 21	Gurt	➪ 951	Räder	➪ 515
Bahn	➪ 682	Kurt	➪ 751	ganz	➪ 920
Gans	➪ 920	Blattern	➪ 651152	Durst	➪ 1501
Pol	➪ 65				

9. Übungseinheit ______________________

Tag, Monat, Jahr

Übungen im Zahlen-Bilder-System: neue Daten: Wir verbinden wieder neue Daten mit den Symbolen des Zahlen-Bilder-Systems. Schauen Sie die folgenden Wörter, die für Bilder stehen, der Reihe nach durch. Stellen Sie sich das Bild des ersten Wortes vor und verbinden Sie es mit „1 Kerze". Dafür haben Sie etwa fünf bis zehn Sekunden Zeit. Dann folgt das nächste Wort. Verbinden Sie dessen Bild, das Sie sich ja vorstellen, mit „2 Schwan" usw.

Tabelle 49: Sich neue Daten mit Hilfe des Zahlen-Bilder-Systems einprägen

1. FINGER
2. STOCK
3. GEWEHR
4. BIBEL
5. KÜCHE
6. ENTE
7. TARANTEL
8. KÜBEL
9. BULLDOGGE
10. HELM
11. TÜTE
12. BULLE

Man soll danach möglichst schnell wiederholen können, daß 1 Finger sind, 2 = Stock usw. Tun Sie dies im Kopf von 1 bis 12.

Und nun durcheinander: Was ist

4 5 7 8 10 11 12 3 6 9 1 2 ?

Wir wollen nun beginnen, auch mit diesen neuen Symbolen zu rechnen. Einige Beispiele:

	Was ist	Rechnung	Begriff
Beispiel:	Finger + Stock?	1 + 2 = 3, also	Gewehr
Aufgaben:			
	a) Bulldogge : Gewehr?	________	________
	b) Bibel + Küche?	________	________
	c) Stock x Gewehr – Küche?*	________	________

* erst Stock mal Gewehr ausrechnen, dann Küche abziehen

Lösungen am Schluß dieser Übungseinheit.

Das Ziffern-Buchstaben-System: Die Zuordnungen häufiger Kombinationen von zwei Ziffern sollen noch rascher, also mit weniger geistigem Aufwand vonstatten gehen. Versuchen Sie dementsprechend, in jeder der folgenden Zeilen hinter die beiden Ziffern ein Wort nach den Regeln des Ziffern-Buchstaben-Systems zu schreiben. Bemühen Sie sich dabei nicht darum, originell zu sein. Falls Sie es früher an der gleichen Stelle eingesetzt hatten, ist es gut so. Es muß vor allem schnell gehen.

Wenn Ihnen nicht innerhalb von drei bis fünf Sekunden etwas einfällt, gehen Sie zur nächsten Zahl über. Fällt Ihnen dann zu einer vorderen Zahl nachträglich ein Wort ein, springen Sie zurück und setzen dieses ein. Andernfalls lassen Sie die Stellen, bei denen Sie nicht sofort ein Wort finden, frei.

Bearbeiten Sie zuerst die obere Zeile von links nach rechts, dann die nächste Zeile usw.

Tabelle 50: So rasch wie möglich ein Wort nach dem Ziffern-Buchstaben-System dahinter schreiben.

Zahl	Wort	Zahl	Wort	Zahl	Wort	Zahl	Wort
19 ➪		09 ➪		49 ➪		59 ➪	
13 ➪		23 ➪		43 ➪		53 ➪	
73 ➪		63 ➪		93 ➪		83 ➪	
39 ➪		69 ➪		79 ➪		29 ➪	
37 ➪		67 ➪		47 ➪		27 ➪	
57 ➪		07 ➪		17 ➪		97 ➪	
31 ➪		41 ➪		71 ➪		28 ➪	
91 ➪		51 ➪		61 ➪		81 ➪	
28 ➪		98 ➪		78 ➪		48 ➪	
58 ➪		18 ➪		68 ➪		38 ➪	
04 ➪		34 ➪		64 ➪		94 ➪	
54 ➪		74 ➪		14 ➪		24 ➪	
32 ➪		82 ➪		92 ➪		02 ➪	
42 ➪		52 ➪		62 ➪		72 ➪	
80 ➪		30 ➪		60 ➪		90 ➪	
50 ➪		70 ➪		10 ➪		20 ➪	
36 ➪		76 ➪		26 ➪		96 ➪	
46 ➪		86 ➪		06 ➪		16 ➪	
35 ➪		75 ➪		25 ➪		95 ➪	
65 ➪		85 ➪		05 ➪		15 ➪	

Prüfen Sie die freigelassenen Stellen. Hören die meisten mit der gleichen Ziffer auf? Dann liegt es vermutlich an den Enden dieser Wörter. Vielleicht kommt Ihnen eine Idee für gängige Endungen.

Vielleicht ist bei Ihnen folgendes geschehen: Bei den Zahlen mit gleicher Endziffer haben Sie Wörter mit gleichen Buchstaben am Ende, aber natürlich mit unterschiedlichen Anfängen gewählt. Bei der ersten Zeile wäre dies gut gegangen. Sie hätte so aussehen können:

19 ⇨ Ding   09 ⇨ sing(e)   49 ⇨ fing   59 ⇨ Ring

Es ist oft leichter, ein Wort von den Endbuchstaben nach vorne zu entwickeln, als umgekehrt, d.h. mit einem festen Buchstaben zu beginnen und dann ein zugehöriges Ende zu suchen. Wenn man eine „9“ sieht, sie mit „ng“ ansetzt und dann nach vorne sucht, gelingt es entsprechend schneller und sicherer, Wörter zu finden. Diese können selbstverständlich auch mehr als zwei Buchstaben umfassen.

Loci-System: Aufwärmen und Aufnahme neuer Daten:
Wärmen Sie sich gleich wieder auf, damit Sie für eine neue Anwendung bereit sind. Deshalb gehen Sie Ihr Loci-System im Kopf noch einmal durch, ohne die neu aufgenommenen Informationen der letzten Male. Lassen Sie sich alles in der „Urform“ wieder durch den Kopf gehen: Schritt für Schritt. An die Nord-Süd-Städteroute hängen Sie diesmal aber die Querroute im Süden an. Also erst 1, dann 2, danach 3 usw. bis 14 (Freiburg) und anschließend über Singen (15) bis 19 (München).

Jetzt versuchen Sie es noch einmal.

Sie sind nun wieder soweit, neue Informationen im Kopf an die Stellen in Ihrem Loci-System zu heften.

Decken Sie die in Tabelle 51 untereinanderstehenden Wörter mit der Hand oder einem Blatt Papier ab. Der Vorgang ist der gleiche wie bei den letzten Malen. Lassen Sie sich nach jedem Wort fünf bis zehn Sekunden Zeit.

Diesmal geht es um 16 Wörter.

Fangen Sie an!

Tabelle 51: Sich neue Daten mit Hilfe des Loci-Systems einprägen

1. WOLLE
2. PUDEL
3. SCHRANK
4. KADAVER
5. HEER
6. WURST
7. KUHMILCH
8. LENDE
9. RADAR
10. FASS
11. KüHLSCHRANK
12. FEUERWEHR
13. KAMM
14. BROT
15. SCHINKEN
16. RINDE

Decken Sie jetzt alle obigen Wörter ab und gehen Sie noch einmal Ihr Loci-Schema von den Stellen 1 bis 16 durch. Tragen Sie alles in Tabelle 52 ein.

Tabelle 52: Übungen zum Loci-System

Schreiben Sie nun so schnell wie möglich von links nach rechts die Wörter hinter die nachfolgend angegebenen Stellen:

Zahl	Wort	Zahl	Wort	Zahl	Wort
1	______	2	______	3	______
4	______	5	______	6	______
7	______	8	______	9	______
10	______	11	______	12	______
13	______	14	______	15	______
16	______				

Schauen Sie nun vom Papier weg und versuchen Sie, die Loci-Stellen von 16 rückwärts bis zur 1 zu gehen und sagen Sie sich dabei immer die frisch eingeprägten Wörter vor. Los!

Gehen Sie alle von vorne durch, nehmen Sie aber nur die geraden Zahlen: 2, 4, 6 usw. bis 16.

Jetzt wählen Sie der Reihe nach die ungeraden Zahlen: 1, 3, 5 usw. bis 15.

Tabelle 53: Übungen zum Loci-System

Schreiben Sie nun so schnell wie möglich von links nach rechts die Wörter hinter die nachfolgend angegebenen Stellen:

Zahl	Wort	Zahl	Wort	Zahl	Wort
3	______	12	______	9	______
8	______	6	______	11	______
1	______	5	______	10	______
11	______	12	______	13	______
16	______	15	______	14	______
4	______	7	______	2	______

Prüfen Sie bei dem Niedergeschriebenen, ob es richtig ist.

Loci-System: Aufwärmen und Aufnahme neuer Daten:
Wärmen Sie sich wieder für eine weitere Anwendung des Loci-Systems auf, indem Sie Ihr Loci-System im Kopf noch einmal durchgehen. Schritt für Schritt. Erst 1, dann 2, danach 3 usw. bis 16.

Jetzt versuchen Sie es ein zweites Mal.

Sie sind nun wieder soweit, neue Informationen im Kopf an die Stellen in Ihrem Loci-System zu heften.

Decken Sie die in Tabelle 54 untereinanderstehenden Wörter mit der Hand oder einem Blatt Papier ab. Der Vorgang ist der gleiche wie früher.

Diesmal geht es wie beim letzten Mal um 16 Wörter.

Fangen Sie an!

Tabelle 54: Sich neue Daten mit Hilfe des Loci-Systems einprägen

1. ZETTEL
2. FREUND
3. BALLAST
4. RADIERGUMMI
5. HAMSTER
6. KONTO
7. WASSER
8. SCHWAGER
9. KRONE
10. OBST
11. PRALINE
12. EICHE
13. WAND
14. HIRSCH
15. VASE
16. BLATT

Decken Sie jetzt alle obigen Wörter ab und gehen Sie noch einmal Ihr Loci-Schema von den Stellen 1 bis 16 durch.

Tabelle 55: Übungen zum Loci-System

Schreiben Sie nun so schnell wie möglich von links nach rechts die Wörter hinter die nachfolgend angegebenen Stellen:

Zahl	Wort	Zahl	Wort	Zahl	Wort
1	______	2	______	3	______
4	______	5	______	6	______
7	______	8	______	9	______
10	______	11	______	12	______
13	______	14	______	15	______
16	______				

Schauen Sie nun vom Papier weg und versuchen Sie, die Loci-Stellen von 16 rückwärts bis zur 1 zu gehen und sagen Sie sich dabei immer die frisch eingeprägten Wörter vor. Los!

Gehen Sie alle von vorne durch, nehmen Sie aber nur die geraden Zahlen: 2, 4, 6 usw. bis 16.

Jetzt wählen Sie der Reihe nach die ungeraden Zahlen: 1, 3, 5 usw. bis 15.

Tabelle 56: Übungen zum Loci-System

Schreiben Sie nun so schnell wie möglich von links nach rechts die Wörter hinter die nachfolgend angegebenen Stellen:

Zahl	Wort	Zahl	Wort	Zahl	Wort
5	______	10	______	7	______
3	______	12	______	1	______
8	______	6	______	11	______
4	______	9	______	2	______
11	______	12	______	13	______
16	______	15	______	14	______
4	______	7	______	12	______

Prüfen Sie bei dem Niedergeschriebenen, ob es richtig ist.

Lösungen zum Zahlen-Bilder-System:

a) Gewehr, b) Bulldogge, c) Finger

10. Übungseinheit ______________________

Tag, Monat, Jahr

Loci-System: Aufwärmen und Aufnahme neuer Daten: Gehen Sie im Kopf die Städte der Nord-Süd-Städteroute durch. Dann die Südroute nach Osten. Gelingt dies fließend oder bleiben Sie irgendwo hängen? Wiederholen Sie diesen Städteabschnitt dann mehrere Male.

Sie hatten bereits damit begonnen, sich mit Hilfe des Loci-Systems 16 neue Daten einzuprägen. Diese Leistung soll auf 17 erweitert werden.

Decken Sie die folgenden Wörter ab und geben Sie diese von oben nach unten der Reihe nach frei. Pro Wort dürfen Sie noch 5 bis 10 Sekunden brauchen. Möglichst aber nicht mehr.

Fangen Sie an!

Tabelle 57: Sich neue Daten mit Hilfe des Loci-Systems einprägen

1. ORANGE
2. EICHEL
3. WALD
4. KUGEL
5. KAPITEL
6. HUND
7. KLAVIER
8. REGEN
9. POL
10. MANTEL
11. TUSCHE
12. SEIFE
13. GEHIRN
14. PRINZ
15. GURKE
16. ZUKUNFT
17. OMA

Decken Sie jetzt alle obigen Wörter ab und gehen Sie noch einmal Ihr Loci-Schema von den Stellen 1 bis 17 durch.

Tabelle 58: Übungen zum Loci-System

Schreiben Sie nun so schnell wie möglich von links nach rechts die neu eingeprägten Daten hinter die nachfolgend angegebenen Stellen:

Zahl	Wort	Zahl	Wort	Zahl	Wort
1	________	2	________	3	________
4	________	5	________	6	________
7	________	8	________	9	________
10	________	11	________	12	________
13	________	14	________	15	________
16	________	17	________		

Haben Sie an einer Stelle besondere Schwierigkeiten? Prüfen Sie, ob Sie sich die zugehörigen Stellen in Ihrem Loci-System in genügender Klarheit vorstellen können. Unterscheiden sich diese Stellen hinreichend deutlich von den anderen?

Zahlen-Bilder-System bei neuen Daten: Bevor Sie mit den Bildern „Kerze, Schwan, Kaktus usw." neue Wörter der Reihe nach von 1 bis 12 verbinden, unterziehen Sie sich noch einmal einer Grundübung, damit sich die Anwendung dieses Hilfssystems festigt. Deshalb üben Sie noch einmal, praktisch zum Aufwärmen, die Zahlen von 1 bis 12 nach der Tabelle 59.

Tragen Sie so rasch wie möglich hinter den Zahlen die Wörter oder Bilder – diese bloß als Schemata – ein. Wählen Sie jeweils nur, was schneller geht, also nur eines von beiden. Es geht also um die Geschwindigkeit.

Tabelle 59: Zahlen-Bilder-System noch einmal als Grundübung

Zahl	Bild oder Wort	Zahl	Bild oder Wort
8		2	
7		3	
12		4	
9		7	
2		6	
10		1	
3		9	
11		4	
1		12	
10		7	
4		10	
7		8	
12		1	
8		5	

Dieser Aufwärmübung folgt die Verbindung mit neuen Daten. Dekken Sie die folgenden Wörter ab und geben Sie dann von oben nach unten immer eines frei. Stellen Sie sich zu jedem Wort ein Bild vor und verschmelzen Sie es der Reihe nach mit denen im Zahlen-Bilder-Hilfssystem, das erste also mit der Kerze, das zweite mit dem Schwan usw.

Beispiel: Wenn „Fels“ zuerst kommt, stellen Sie sich vielleicht eine Kerze auf einem Felsbrocken vor. Wie Sie sich das genau vorstellen, bleibt Ihrer Phantasie überlassen.

Beginnen Sie nun!

Tabelle 60: Sich neue Daten mit Hilfe des Zahlen-Bilder-Systems einprägen

1. FLIEDER
2. SCHRANK
3. FLASCHE
4. BABY
5. BUCHE
6. RADAR
7. RUBIN
8. KELCH

Decken Sie jetzt die Wörter ab und schreiben Sie diese von links nach rechts hinter die folgenden Zahlen (Tab. 61).

Tabelle 61: Rasch die soeben gelernten Daten dahinterschreiben

Zahl	Wort	Zahl	Wort	Zahl	Wort
1	______	2	______	3	______
4	______	7	______	6	______
3	______	4	______	7	______
5	______	8	______	4	______

Versuchen Sie bei dieser Gelegenheit noch einmal das Rechnen mit den neuen Symbolen.

	Was ist?	**Rechnung**	**Begriff**
Aufgaben:	a) Flieder + Schrank	________	________
	b) Buche – Baby	________	________
	c) Buche – Flieder + Schrank	________	________
	d) Baby + Schrank	________	________
	e) Schrank x Baby x Flieder	________	________

Die Lösungen finden Sie am Schluß dieser Übungseinheit.

Das Ziffern-Buchstaben-System: Da man gerade bei der Umsetzung von Zahlen in Wörter sehr viel Zeit verlieren kann, üben wir die zweistelligen Zahlen noch einmal. Das gleiche Vorgehen wie vorher. Alles wird mit noch weniger geistigem Aufwand vonstatten gehen. Dabei stört Originalität. Es muß vor allem schnell gehen.

Üben Sie mit Tabelle 62. Wenn Ihnen nicht innerhalb von drei bis fünf Sekunden etwas einfällt, gehen Sie zur nächsten Zahl über. Fällt Ihnen dann zu einer vorderen Zahl nachträglich ein Wort ein, springen Sie zurück und setzen dieses ein. Andernfalls lassen Sie die Stellen, bei denen Sie nicht sofort ein Wort finden, frei.

Bearbeiten Sie zuerst die obere Zeile von links nach rechts, dann die nächste Zeile usw.

Tabelle 62: So rasch wie möglich ein Wort nach dem Ziffern-Buchstaben-System dahinterschreiben.

Zahl	Wort	Zahl	Wort	Zahl	Wort	Zahl	Wort
19 ➪		09 ➪		49 ➪		59 ➪	
39 ➪		69 ➪		79 ➪		29 ➪	
37 ➪		67 ➪		47 ➪		27 ➪	
57 ➪		07 ➪		17 ➪		97 ➪	
31 ➪		41 ➪		71 ➪		21 ➪	
91 ➪		51 ➪		61 ➪		81 ➪	
28 ➪		98 ➪		78 ➪		48 ➪	
58 ➪		18 ➪		68 ➪		38 ➪	
04 ➪		34 ➪		64 ➪		94 ➪	
54 ➪		74 ➪		14 ➪		24 ➪	
35 ➪		75 ➪		25 ➪		95 ➪	
65 ➪		85 ➪		05 ➪		15 ➪	
32 ➪		82 ➪		92 ➪		02 ➪	
42 ➪		52 ➪		62 ➪		72 ➪	
13 ➪		23 ➪		43 ➪		53 ➪	
73 ➪		63 ➪		93 ➪		83 ➪	
80 ➪		30 ➪		60 ➪		90 ➪	
50 ➪		70 ➪		10 ➪		20 ➪	
36 ➪		76 ➪		26 ➪		96 ➪	
46 ➪		86 ➪		06 ➪		16 ➪	

Prüfen Sie die freigelassenen Stellen.

Lösungen zum Zahlen-Bilder-System: Rechnen: a) FLASCHE, b) FLIEDER, c) RADAR, d) RADAR, e) KELCH

11. Übungseinheit ____________________

Tag, Monat, Jahr

Loci-System: Aufwärmen und Aufnahme neuer Daten: Jetzt soll die Leistung auf alle 19 vorgesehenen Städte gesteigert werden. Sie müssen demnach von der Nord-Süd-Städteroute auf die Querroute übergehen und diese bis zum Ende mit neuen Daten besetzen.

Zuvor wiederholen Sie noch einmal die „Urform“ Ihres Loci-Systems im Kopf, also alle 19 Städte in der Reihenfolge von 1 bis 19. Dadurch steht dieses Loci-System schneller als sonst zur Verfügung. Außerdem werden alte Verknüpfungen mit (damals) neuen Daten gelöscht.

Sie sind nun wieder soweit, neue Informationen im Kopf an die Stellen in Ihrem Loci-System zu heften.

Decken Sie die in Tabelle 63 untereinanderstehenden Wörter mit der Hand oder einem Blatt Papier ab. Der Vorgang ist der gleiche wie bei den letzten Malen.

Diesmal geht es allerdings, wie gesagt, um 19 Wörter. – Fangen Sie an!

Tabelle 63: Sich neue Daten mit Hilfe des Loci-Systems einprägen

1. EULE
2. HOSE
3. ZAUN
4. FLORETT
5. DATTEL
6. KAKAOBOHNE
7. AUTO
8. ZWEIG
9. WÄCHTER

10. HUSTENBONBON
11. KLAVIER
12. BEIN
13. KATER
14. NADEL
15. KAMMER
16. MIKROSKOP
17. ZEBRA
18. SATELLIT
19. SENF

Decken Sie jetzt alle der obigen Wörter ab und gehen Sie noch einmal Ihr Loci-Schema von den Stellen 1 bis 19 durch.

Tabelle 64: Übungen zum Loci-System

Schreiben Sie nun so schnell wie möglich von links nach rechts die neu eingeprägten Daten hinter die nachfolgend angegebenen Stellen:

Zahl	Wort	Zahl	Wort	Zahl	Wort
1	______	2	______	3	______
4	______	5	______	6	______
7	______	8	______	9	______
10	______	11	______	12	______
13	______	14	______	15	______
16	______	17	______	18	______
19	______				

Schauen Sie jetzt nicht mehr auf die Vorlagen und versuchen Sie, die frisch eingeprägten Wörter an den Loci-Stellen von 1 bis 19 noch einmal aufzusagen. Los!

Zahlen-Bilder-System bei neuen Daten: Wiederum soll die Verbindung mit neuen Daten geübt werden.

Zuvor üben Sie noch einmal, praktisch zum Aufwärmen und um sich von den früher erlernten neuen Daten freizumachen, die Zahlen von 1 bis 12. Gehen Sie diese der Reihe nach in der „Urform" im Kopf durch. Von 1 bis 12: 1 = Kerze, 2 = Schwan usw. Fangen Sie an!

> Diese Übung sollte zur Gewohnheit werden, nachdem Sie neue Daten an Ihr Hilfssystem „Zahlen-Bilder" geheftet hatten und nicht mehr weiter benötigen. Dadurch wird dieses Hilfssystem wieder „gesäubert" und ist frei für neue Daten.

Decken Sie die in Tabelle 65 folgenden Wörter ab und geben Sie dann von oben nach unten immer eines frei. Stellen Sie sich zu jedem Wort ein Bild vor und verschmelzen Sie es der Reihe nach mit denen im Zahlen-Bilder-Bezugssystem, das erste also mit der Kerze, das zweite mit dem Schwan usw.

Tabelle 65: Sich neue Daten mit Hilfe des Zahlen-Bilder-Systems einprägen

1. KEKS
2. WASCHBÄR
3. REINIGUNGSMITTEL
4. TUCH
5. AXT
6. SCHEIBE
7. RING
8. EICHEL
9. OSTERHASE
10. SPRINTER
11. KALB
12. FLOCKE

Decken Sie jetzt die Wörter ab und schreiben Sie diese von links nach rechts hinter die in Tabelle 66 folgenden Zahlen.

Tabelle 66: Rasch die soeben gelernten Daten dahinterschreiben

Zahl	Wort	Zahl	Wort	Zahl	Wort
1	______	2	______	3	______
9	______	4	______	7	______
6	______	11	______	8	______
5	______	12	______	10	______

Rechnen Sie nun mit den neuen Symbolen. Setzen Sie ein, was Sie können. Lassen Sie den Rest frei.

Aufgaben:

Was ist?	**Rechnung**	**Begriff**
a) Keks + Waschbär + Reinigungsmittel	______	______
b) Tuch : Waschbär	______	______
c) Tuch – Keks	______	______
d) Waschbär + Axt	______	______
e) Sprinter – Osterhase x Keks	______	______
f) Waschbär x Scheibe	______	______
g) Scheibe – Axt	______	______
h) Waschbär + Axt	______	______
i) Tuch x Waschbär	______	______

Die Lösungen finden Sie am Ende dieser Übungseinheit.

Das Ziffern-Buchstaben-System: Das gleiche Verfahren (Tab. 67) wie in der letzten Übungseinheit. Es soll mit immer weniger geistigem Aufwand vonstatten gehen. Dabei stört Originalität. Es muß vor allem schnell gehen.

Wenn Ihnen nicht innerhalb von drei bis fünf Sekunden etwas einfällt, gehen Sie zur nächsten Zahl über. Fällt Ihnen dann zu einer vorderen Zahl nachträglich ein Wort ein, springen Sie zurück und setzen dieses ein. Andernfalls lassen Sie die Stellen, bei denen Sie nicht sofort ein Wort finden, frei.

Bearbeiten Sie zuerst die obere Zeile von links nach rechts, dann die nächste Zeile usw.

Tabelle 67: So rasch wie möglich ein Wort nach dem Ziffern-Buchstaben-System dahinterschreiben.

Zahl	Wort	Zahl	Wort	Zahl	Wort	Zahl	Wort
93 ⇨	________	69 ⇨	________	97 ⇨	________	29 ⇨	________
58 ⇨	________	02 ⇨	________	39 ⇨	________	95 ⇨	________
31 ⇨	________	46 ⇨	________	73 ⇨	________	51 ⇨	________
94 ⇨	________	51 ⇨	________	60 ⇨	________	82 ⇨	________
58 ⇨	________	14 ⇨	________	62 ⇨	________	38 ⇨	________
84 ⇨	________	79 ⇨	________	34 ⇨	________	27 ⇨	________
35 ⇨	________	48 ⇨	________	27 ⇨	________	95 ⇨	________
69 ⇨	________	07 ⇨	________	49 ⇨	________	52 ⇨	________
28 ⇨	________	58 ⇨	________	73 ⇨	________	49 ⇨	________
65 ⇨	________	87 ⇨	________	05 ⇨	________	12 ⇨	________
32 ⇨	________	82 ⇨	________	92 ⇨	________	02 ⇨	________
04 ⇨	________	34 ⇨	________	64 ⇨	________	94 ⇨	________
42 ⇨	________	52 ⇨	________	62 ⇨	________	72 ⇨	________

13 ⇨ ______	25 ⇨ ______	63 ⇨ ______	57 ⇨ ______
47 ⇨ ______	61 ⇨ ______	42 ⇨ ______	29 ⇨ ______
73 ⇨ ______	64 ⇨ ______	93 ⇨ ______	82 ⇨ ______
80 ⇨ ______	35 ⇨ ______	61 ⇨ ______	90 ⇨ ______
46 ⇨ ______	86 ⇨ ______	06 ⇨ ______	16 ⇨ ______
50 ⇨ ______	70 ⇨ ______	10 ⇨ ______	20 ⇨ ______
36 ⇨ ______	74 ⇨ ______	28 ⇨ ______	97 ⇨ ______

Prüfen Sie die freigelassenen Stellen.

Lösungen zum Zahlen-Bilder-System: Rechnen:
a) SCHEIBE, b) WASCHBÄR, c) REINIGUNGSMITTEL, d) RING, e) KEKS, f) FLOCKE, g) KEKS, h) RING, i) EICHEL

12. Übungseinheit ______________________

Tag, Monat, Jahr

Zahlen-Bilder-System bei neuen Daten: Zum letzten Mal soll die Verbindung mit neuen Daten geübt werden, mit allen zwölf Bildern.

Zuvor üben Sie noch einmal, praktisch zum Aufwärmen und um sich von den früher erlernten neuen Daten freizumachen, die Zahlen von 1 bis 12. Gehen Sie diese der Reihe nach im Kopf durch. Von 1 bis 12: 1 = Kerze, 2 = Schwan usw. Fangen Sie an!

Decken Sie die in Tabelle 68 folgenden Wörter ab und geben Sie dann von oben nach unten immer eines frei. Stellen Sie sich zu jedem Wort ein Bild vor und verschmelzen Sie es der Reihe nach mit denen im Zahlen-Bilder-Hilfssystem, das erste also mit der Kerze, das zweite mit dem Schwan usw.

Beginnen Sie nun!

Tabelle 68: Sich neue Daten mit Hilfe des Zahlen-Bilder-Systems einprägen

1. HEXE
2. SCHIMMEL
3. BUSCH
4. FLIEGE
5. SPITZE
6. AFFE
7. MÜTZE
8. SCHUHE
9. WEIHNACHTSMANN
10. PILOT
11. OLIVE
12. GOLDMEDAILLE

Decken Sie jetzt die Wörter ab und schreiben Sie diese von links nach rechts hinter die in Tabelle 69 folgenden Zahlen.

Tabelle 69: Rasch die soeben gelernten Daten dahinterschreiben

Zahl	Wort	Zahl	Wort	Zahl	Wort
5	__________	10	__________	7	__________
3	__________	12	__________	1	__________
8	__________	6	__________	11	__________
4	__________	9	__________	2	__________
11	__________	12	__________	10	__________
6	__________	5	__________	11	__________
4	__________	7	__________	12	__________

Rechnen Sie nun mit den neuen Symbolen. Setzen Sie ein, was Sie können. Lassen Sie den Rest frei.

Aufgaben:

Was ist?	**Rechnung**	**Begriff**
a) Hexe + Busch + Schimmel	__________	__________
b) Goldmedaille : Fliege	__________	__________
c) Olive – Affe + Spitze	__________	__________
d) Spitze + Mütze	__________	__________
e) Pilot – Mütze x Fliege	__________	__________
f) Schimmel x Busch – Hexe	__________	__________
g) Olive – Spitze – Schimmel	__________	__________
h) Affe – Schimmel + Mütze	__________	__________
i) Weihnachtsmann x Hexe – Busch	__________	__________

Die Lösungen finden Sie wieder am Schluß dieser Übungseinheit.

Das Ziffern-Buchstaben-System: Zum Schluß auch noch einmal das gleiche Verfahren wie in der vorherigen Übungseinheit. Jetzt müßte es bereits sehr schnell bewältigbar sein.

Wenn Ihnen nicht innerhalb von drei bis fünf Sekunden etwas einfällt, gehen Sie zur nächsten Zahl über. Fällt Ihnen dann zu einer vorderen Zahl nachträglich ein Wort ein, springen Sie zurück und setzen dieses ein. Andernfalls lassen Sie die Stellen, bei denen Sie nicht sofort ein Wort finden, frei.

Bearbeiten Sie zuerst die obere Zeile von links nach rechts, dann die nächste Zeile usw.

Tabelle 70: So rasch wie möglich ein Wort nach dem Ziffern-Buchstaben-System dahinterschreiben.

Zahl	Wort	Zahl	Wort	Zahl	Wort	Zahl	Wort
84 ⇨	________	79 ⇨	________	34 ⇨	________	27 ⇨	________
93 ⇨	________	69 ⇨	________	97 ⇨	________	29 ⇨	________
46 ⇨	________	73 ⇨	________	51 ⇨	________	94 ⇨	________
51 ⇨	________	60 ⇨	________	82 ⇨	________	58 ⇨	________
14 ⇨	________	62 ⇨	________	38 ⇨	________	35 ⇨	________
48 ⇨	________	27 ⇨	________	95 ⇨	________	69 ⇨	________
65 ⇨	________	87 ⇨	________	05 ⇨	________	12 ⇨	________
32 ⇨	________	82 ⇨	________	92 ⇨	________	02 ⇨	________
42 ⇨	________	52 ⇨	________	62 ⇨	________	72 ⇨	________
13 ⇨	________	25 ⇨	________	63 ⇨	________	57 ⇨	________
73 ⇨	________	64 ⇨	________	93 ⇨	________	82 ⇨	________
46 ⇨	________	86 ⇨	________	06 ⇨	________	16 ⇨	________
50 ⇨	________	70 ⇨	________	10 ⇨	________	20 ⇨	________
36 ⇨	________	74 ⇨	________	28 ⇨	________	97 ⇨	________
80 ⇨	________	35 ⇨	________	61 ⇨	________	90 ⇨	________

Prüfen Sie die freigelassenen Stellen.

Loci-System: Aufwärmen und Aufnahme neuer Daten: Zum letzten Mal die höchstmögliche Leistung mit 19 neuen Daten. Wer mit mehr arbeiten will, muß das Loci-System erweitern, beispielsweise um eine Süd-Nord-Route, die hinter München beginnt, z.B. in Regensburg (20). Dann können Sie weiterfahren über 21 Nürnberg, 22 Bayreuth, 23 Hof, 24 Chemnitz, 25 Dresden, 26 Görlitz, 27 Cottbus, 28 Frankfurt/Oder, 29 Berlin, 30 Neubrandenburg bis 31 Stralsund.

Wer weitermachen will, kann die obere Ost-Nord-Route wählen: 32 Rostock, 33 Lübeck, 34 Kiel, 35 Husum, 36 Hamburg, 37 Cuxhaven und 38 Bremen. Wer das noch weiter ausbauen möchte, wird vielleicht ab Hamburg die Autobahnen in den Süden nehmen. Der Kreativität ist kein Ende gesetzt.

Zuvor gehen Sie noch einmal die „Urform" Ihres Loci-Systems im Kopf durch, also alle 19 Städte in der Reihenfolge von 1 bis 19. Dadurch steht dieses Loci-System schneller als sonst zur Verfügung. Außerdem werden alte Verknüpfungen mit (damals) neuen Daten geschwächt oder gar gelöscht.

Sie sind nun wieder soweit, neue Informationen im Kopf an die Städte in Ihrem Loci-System zu heften.

Fangen Sie an!

Tabelle 71: Sich neue Daten mit Hilfe des Loci-Systems einprägen

1. BURG
2. RAKETE
3. MEISE
4. ULME
5. KANU
6. BOHNE
7. THEATER
8. BUNKER
9. FASAN

10. KOKS
11. FAUSTBALL
12. COMPUTER
13. KAVIAR
14. TAUCHER
15. INDER
16. HEUWAGEN
17. BLECH
18. HEUHAUFEN
19. ELCH

Decken Sie jetzt alle obigen Wörter ab und gehen Sie noch einmal Ihr Loci-Schema von den Stellen 1 bis 19 durch.

Tabelle 72: Übungen zum Loci-System

Schreiben Sie nun so schnell wie möglich von links nach rechts die neu eingeprägten Daten hinter die nachfolgend angegebenen Stellen:

Zahl	Wort	Zahl	Wort	Zahl	Wort
1	______	2	______	3	______
4	______	5	______	6	______
7	______	8	______	9	______
10	______	11	______	12	______
13	______	14	______	15	______
16	______	17	______	18	______
19	______	1	______	2	______
3	______	4	______	19	______

Die Lösungen im Zahlen-Bilder-System: Rechnen:
a) AFFE, b) BUSCH, c) PILOT, d) GOLDMEDAILLE,
e) GOLDMEDAILLE, f) SPITZE, g) FLIEGE, h) OLIVE, i) AFFE

4. Kompetenz für Hilfssysteme

Falls Sie alles mitgeübt haben, beherrschen Sie wichtige Hilfssysteme. Sie kennen sie und können flott damit umgehen. Dies ist ein wichtiger Aspekt der Kompetenz, d.h. Zuständigkeit und Expertenschaft für die Hilfssysteme. Ein weiterer ist, in neuen Situationen sofort zu erkennen, wo welches Hilfssystem am nützlichsten angewandt wird. Eventuell werden Sie sogar auf dieser Grundlage kreativ und verstehen es, Kombinationen von Hilfssystemen in der gleichen Situation nutzbringend einzusetzen, beispielsweise beim Einprägen einer 30stelligen Zahl. Sie können sie in 15 zweistellige zerlegen und nach dem Ziffern-Buchstaben-System in Wörter umwandeln. Diese heften Sie dann der Reihe nach an den ersten 15 Städten Ihres Loci-Systems fest.

Manchmal werden Konflikte auftreten, welches System sich für eine bestimmte Situation am besten eignet: Falls Sie sich beispielsweise Einkaufsartikel einprägen, können sowohl das Zahlen-Bilder-System als auch das Loci-System in Frage kommen. Welches ist das geeignetere?

Wenn es um mehr als zwölf Bilder bzw. Wörter geht, kommt nur das Loci-System in der jetzt eingelernten Form in Betracht. Andernfalls müßte man das Zahlen-Bilder-System erweitern und entsprechend einüben.

Sollen die neuen Daten der Reihe nach abgefragt werden, fällt es den meisten leichter, mit dem Loci-System umzugehen. Werden die Positionen durcheinander gefragt oder soll gar gerechnet werden, eignet sich das Zahlen-Bilder-System mehr.

Zur Kompetenz im Umgang mit Hilfssystemen gehört aber auch zu erkennen, in welchen Situationen kein Nutzen davon zu erwarten ist. Wenn man die wichtigsten einzuprägenden Daten in einem neuen Gebiet auswählen und die Zusammenhänge zwischen ihnen erkennen und diese Beziehungen lernen will, bedient man sich normalerweise anderer Methoden. Die 80 : 20-Regel (Pareto-Regel), das Eisenhower-Prinzip, das dynamische Lesen, die Lernkarteien nützen oft mehr.

Die Hilfssysteme setzt man eher da ein, wo voneinander unabhängige, also zueinander weitgehend beziehungslose Daten einzuprägen sind, für die Einkaufsliste im Kopf, die Telefonnummern, Kontonummern, Postleitzahlen und ähnliches. Situationen, in denen Sie dies brauchen, sind allerdings, wenn Sie einmal im Geiste einen normalen Tag Revue passieren lassen, eher selten.

Um sich fit zu halten, um seine Gedächtniskapazität auszuloten und bei Vorführungen aus professionellen Gründen oder einfach zum Spaß wird man hingegen gerne auf Hilfssysteme zurückgreifen.

Für den Zweck der Vorführung noch ein kleiner Trick, der sich für das Loci-System und Zahlen-Bilder-System gleichermaßen eignet: Schreiben Sie die zugerufenen Daten auf einer Overheadfolie mit. Dadurch sichern Sie sich ab, daß Sie die Daten richtig verstanden haben und gewinnen zudem beim Schreiben etwas Zeit zum Einprägen. Außerdem haben Sie die Position und das zugeordnete Wort „schwarz auf weiß“. Die Anwesenden sind sich sonst vielleicht nicht mehr einig, was an welcher Stelle kam und schieben eventuelle Verwechslungen möglicherweise Ihnen zu. Projizieren Sie die Folie auf eine Wand und drehen Sie sich ab. Die Anwesenden können dann Fragen nach dieser Projektion stellen und kontrollieren, ob Sie die von ihnen gestellten Aufgaben richtig beantwortet haben.

Schließlich ist daran zu denken, daß auch Kompetenzen mit der Zeit nachlassen. Schon deshalb sind die erworbenen Hilfssysteme immer mal wieder zu üben.

5. Nachwort: Mitmachen bei der Gesellschaft für Gehirntraining e.V. (GfG)

Wir leben in einer Informationsgesellschaft. Sie spricht besonders die menschliche Informationsverarbeitung und -speicherung an sowie das zugehörige Organ: das Gehirn.

Viele Mitbürger haben sich auf die Anforderungen der Informationsgesellschaft noch nicht befriedigend eingestellt. Sie nützen die Leistungsfähigkeit ihres Gehirnes nicht annähernd:

- Intelligenz
- Gedächtnisleistungen und
- Konzentrationsfähigkeit

bleiben deutlich unter dem erreichbaren Niveau.

Davon betroffen sind alle, die sich geistig fit halten müssen oder wollen. Besonders gilt dies für

- Schüler, die unter nicht gerade günstigen Schulbedingungen viel in ihren Kopf packen müssen
- Studenten, die nicht gelernt haben, wie man richtig lernt
- Berufstätige, die sich immer wieder veränderten und steigenden Anforderungen anpassen müssen.

Schließlich betrifft es alle, die einem Nachlassen der geistigen Leistungsfähigkeit im Alter vorbeugen möchten.

Um hier zu helfen, entstand die GfG.

Was will die GfG? Die Ziele der GfG sind in ihrer Satzung (§ 2) folgendermaßen festgelegt:

„Der Verein verfolgt ausschließlich und unmittelbar gemeinnützige Zwecke durch Unterstützung und Förderung der Maßnahmen zur Erhaltung und Erhöhung der geistigen Leistungsfähigkeit in jedem Lebensalter."

Die GfG bietet wissenschaftlich überprüfte Maßnahmen an, teils überraschend einfache, die vielen Menschen schon zu erheblichen Steigerungen ihrer geistigen Leistungsfähigkeit verhalfen oder ein Absinken verhinderten. Das zeigen über ein Dutzend Studien.

> So hatte die GfG erheblichen Anteil an der Entwicklung von Gehirn-Jogging, das wissenschaftlich „Mentales AktivierungsTraining" (MAT) heißt. Bei vielen Personen, die es täglich fünf bis zehn Minuten durchführten, stieg innerhalb kurzer Zeit der IQ um 10 bis 20 Punkte.

Mit derartigen Erfolgen begnügt man sich in der GfG jedoch nicht, sondern sucht und forscht ständig weiter.

Die GfG versucht, jedem die Chance zu geben, für sich und sein Gehirn etwas zu tun, was dem neuesten wissenschaftlichen Erkenntnissen entspricht. Diese Maßnahmen können ohne jeglichen Wettbewerbsdruck durchgeführt werden: allein oder in der Gruppe.

Für die, die Lust dazu haben, bietet die GfG jedoch auch Wettbewerbe in Form von Meisterschaften an. Vielleicht reizt es Sie, selbst daran teilzunehmen oder vielleicht kennen Sie jemand, den dies interessieren würde.

Wie es dem Satzungsziel entspricht, ist jeder eingeladen, bei der GfG mitzumachen. Jeder kann etwas tun, für sich und andere:

- Tun Sie etwas für sich, indem Sie sich über Ihre eigenen Fähigkeiten und deren Steigerung informieren.

- Gewinnen Sie Selbsterfahrungen: Lernen Sie Ihr Gehirn und seine Leistungen besser kennen.

- Steigern Sie Ihre Allgemeinbildung: Über das Gehirn und die menschliche Informationsverarbeitung und -speicherung etwas zu wissen, gehört für uns Angehörige einer Informationsgesellschaft zur Allgemeinbildung.

- Wenn Sie möchten, können Sie auch jederzeit für andere etwas tun, durch die Kompetenz, die Sie bei uns gewinnen oder erhöhen.

Werden auch Sie Mitglied. Die Mitgliedschaft kostet Sie DM 60,00 pro Jahr. Sie erhalten 6mal jährlich die Zeitschrift „Geistig Fit“, in der sie neue Erkenntnisse, Trainingsvorschläge, Vereinsnachrichten u.ä. erfahren. Darüber hinaus bietet „Geistig Fit“ Aufgaben zum Üben Ihrer geistigen Leistungsfähigkeit und Ihres Gedächtnisses. Die Mitgliedschaft verpflichtet zu nichts und berechtigt zur vergünstigten Teilnahme an Informationsveranstaltungen und Trainingskursen der GfG.

Als Mitglied können Sie sich auch zum Trainer ausbilden lassen und selbst wieder mit anderen üben. Denn wer selbst lehrt, lernt am schnellsten.

Wohin soll man sich wenden?

Wenn Sie mehr über die GfG und das von ihr vertretene Gehirntraining wissen wollen, dann schreiben Sie (Rückporto DM 2,00 bitte beilegen) an:

GfG Gesellschaft für Gehirntraining e.V.
Geschäftsstelle
Postfach 14 20
85555 Ebersberg

Wie verschlüsseln Sie die Nummer des Postfaches der GfG nach dem Ziffern-Buchstaben-System?

Postfach „doofe Nase“, „Taifuns“ Postfach oder anders?
Die Postleitzahl von Ebersberg merkt man sich leichter ohne Hilfssysteme: „8“ und „viermal die 5“.